富路上

无障碍

环境建设

焕　余　锦　主编

杭州密码

ZHEJIANG UNIVERSITY PRESS

浙江大学出版社

·杭州·

图书在版编目（CIP）数据

共富路上无障碍环境建设：杭州密码 / 王宇焕，余锦主编 . —— 杭州：浙江大学出版社，2023.9
ISBN 978-7-308-24123-6

Ⅰ.①共… Ⅱ.①王…②余… Ⅲ.①残疾人—城市道路—城市建设—研究—杭州 Ⅳ.① U412.37

中国国家版本馆 CIP 数据核字（2023）第 152215 号

共富路上无障碍环境建设：杭州密码

王宇焕　余　锦　主编

出 品 人	褚超孚
出版统筹	张　鸽
策划编辑	张凌静　徐　瑾
责任编辑	殷晓彤　陈　宇
责任校对	汪　潇　董齐琪　杨利军
封面设计	浙信文化
出版发行	浙江大学出版社 （杭州市天目山路 148 号　邮政编码 310007） （网址：http://www.zjupress.com）
排　　版	杭州立飞图文制作有限公司
印　　刷	浙江省邮电印刷股份有限公司
开　　本	710mm×1000mm　1/16
印　　张	17.25
字　　数	266 千
版 印 次	2023 年 9 月第 1 版　2023 年 9 月第 1 次印刷
书　　号	ISBN 978-7-308-24123-6
定　　价	95.00 元

共富路上无障碍环境建设：杭州密码
编委会

顾　问：林炳达　李　磊　杨英英

主　编：王宇焕　余　锦

副主编：钟　峥　方适明　汪克来

编　委：李海斌　张立君　赵文龙

　　　　刘　伟　楼洋阳　傅浩明

　　　　吴明昊　赵　益　陈　洁

　　　　马志超　王明佳　邢　艳

　　　　方旭阳

相信杭州有能力举办一届成功的亚运会。

——2015 年 8 月 22 日，习近平主席在会见国际奥协主席、亚奥理事会主席艾哈迈德亲王时说无障碍设施建设问题，是一个国家和社会文明的标志，我们要高度重视。

——习近平总书记 2020 年 9 月 17 日在湖南考察并主持召开基层代表座谈会上的讲话

《中华人民共和国无障碍环境建设法》由中华人民共和国第十四届全国人民代表大会常务委员会第三次会议审议通过，现予公布，自2023年9月1日起施行。

——中华人民共和国主席　习近平

前　言

党的二十大报告指出，中国式现代化是人口规模巨大的现代化，是全体人民共同富裕的现代化，是物质文明和精神文明相协调的现代化，是人与自然和谐共生的现代化，是走和平发展道路的现代化。其中，"全体人民共同富裕的现代化"意味着我国十四亿多人口要整体迈进现代化社会，规模超过现有发达国家人口的总和，要确保现代化的道路上"一个都不能少"，艰巨性、复杂性前所未有。

杭州市忠实践行"八八战略"，紧紧围绕"要努力成为新时代全面展示中国特色社会主义制度优越性的重要窗口"目标，高水平推进共同富裕幸福杭州建设，加快打造世界一流的社会主义现代化国际大都市，率先探索具有普遍意义的共同富裕和现代化路径，始终以"人的现代化"为核心，建立健全相关工作体系、标准体系、评价体系，探索创新实施项目，努力打造示范样板。

"办好一个会，提升一座城"。杭州亚运会、亚残运会的举办，为杭州奋力推进"两个先行"（中国特色社会主义共同富裕先行和省域现代化先行）提供了重要契机。杭州市开展了"匠心提质绣杭城"专项行动，用绣花功夫，打造"有爱无碍之城"，着力为残疾人、老年人、孕妇以及婴幼儿等社会成员自主安全地通行，搭乘公共交通运输工具，出入建筑物，使用公共服务设施，获取、使用和交流信息，获得社会服务等提供便利和条件。

"有爱无碍之城"，是为了满足残障人士对美好生活的向往。让残障人群有尊严地融入这个城市，不仅是应对人口老龄化的重要举措，更是彰显社会文明进步的显著标志。随着人口老龄化速度加快，无障碍环境建设需求将会持续增大。消除生活环境中的硬件障碍、信息鸿沟，创建更加开放、包容、多元的城市环境，对于老年人等群体更好地融入社会、提升生活质量具有重要意义。

"有爱无碍之城"，是共富路上"一个都不能少"的重要保障。一座城市的温度，取决于"底线"的高度，取决于如何善待那些容易被"遗忘"的少数人的态度。无障碍环境建设的目标，就是要方便残疾人、老年人等群体的生产、生活，增强人民群众获得感、幸福感、安全感，让城市环境更加安全便捷、更加健康舒适、更加多元包容。

历经四年的实践探索，杭州贴心的无障碍设施越来越多，个性化的无障碍服务越来越细微，无障碍理念越来越深入人心，"无障碍"已成为杭州城市文明的重要组成部分。城市，终究是一个动态的、复杂的"巨系统"。推动无障碍环境系统化建设，实现"共建、共管、共治、共享"目标，是争创中国式现代化城市范例的应有之义。

本书谓之"杭州密码"，从无障碍建设的"杭州记忆""杭州细节""杭州实践""杭州探索""杭州模式""杭州声音"六个方面如实记录了杭州市无障碍环境建设的成果，以期展现杭州共同富裕示范城市、中国最具幸福感城市以及社会主义现代化国际大都市之形象。

密码云尔，不吝珠玉。

目 录

第一章

无障碍生活的『杭州记忆』

只有我在为他人服务时，我才真正品尝到生活的乐趣。

——张海迪

一、 从吴山聋哑学校说起

前来观看杭州亚残运会草地掷球比赛的观众将会发现，自己走进的是一所普通的中学——杭州文汇学校。

这里就是全国唯一一所承办 2022 年杭州亚残运会比赛项目的中学，也是亚残运会历史上第一个由中学操场改建而成的竞赛场馆。

为什么会将这样级别的比赛放在一所中学？又为什么会把"历史上的第一"给到这个学校？

这里不得不提到这所学校的前身和一个人。

杭州文汇学校的前身——吴山聋哑学校，是中国历史上第一所由聋人创办的私人聋哑学校。它像一面镜子，映射了近百年来我国在无障碍环境建设方面走过的历程。

吴山聋哑学校创办于 1931 年，创始人龚宝荣 1910 年出生于余杭县城。他和姐姐都是先天失聪，在他 12 岁丧父后由母亲独自抚养

3

成人。

虽然身有残疾，但龚宝荣自幼拜师学习山水国画，16岁便独闯上海滩学习工艺美术，20岁时，他的书画艺术就显露出骄人的禀赋与扎实的功底。

在积贫积弱的旧中国，龚宝荣看到众多聋人因无法接受教育而只能在茫然无知的愚钝之中过着如牛似马的生活，更有不少人因愚昧而误入歧途。经上海著名画家王一亭启发，龚宝荣秉着"为同病造福"的信念，毅然返回杭州，创办聋哑人教育学校。

1930年，龚宝荣变卖了与寡母赖以生存的8亩水田，次年在杭州吉祥巷53号（现望江菜场附近）的一处民房里创立了聋哑学校，名曰"私立杭州聋哑学校"。办学目标为"教育聋哑子女，能通语言文字，具有实业之技能，俾得自立谋生"。

在龚先生的多方筹措下，1934年，杭州市政府破格拨出城隍山元宝心2号的阮公祠给学校办学。至此，"吴山聋哑学校"落户吴山。

1934年5月，著名作家郁达夫无意间到访吴山聋哑学校，在观看学生作品时深受感动，并亲笔题词：哑者能言，聋者能听，中国无废人矣！

1937年抗日战争全面爆发后，吴山聋哑学校从杭州辗转至兰溪、淳安等地，开启避难办学的艰难历程。

抗日战争胜利后，龚宝荣夫妇在杭城沿街挨店募集复校资金。1946年3月，吴山聋哑学校在城隍山阮公祠原址复课。

怎样根据聋哑人的学习特点和中国语言的特点教学呢？龚宝荣经过5年的摸索研究，首创了40个注音字母的手切，用来教学字音，再用手势解释抽象字义，使学生易于领会，便于记忆，效果良好。

《手切教本》经专门部门研究，于1935年11月核准公开发行。漫画家丰子恺为该书题写书名。教育家俞子夷赞扬："注音符号手切的创造，是中国聋哑界的新声。"时任浙江省教育厅厅长许绍棣题词："以手补口耳之缺陷，以师教救天赋之偏枯，是编出暗者不暗，聋者不聋矣。……欢呼此，益知文盲之宜扫除矣！"

1956年，杭州市教育局接管"吴山聋哑学校"，并迁校至清泰门外的天王桥，更名为"杭州市聋哑学校"。

2018年，"杭州市聋哑学校"更名为"杭州文汇学校"，以"文以明德，汇以达远"为校训，开启了全融合办学新篇章。

在杭州亚残运会筹办工作中，杭州文汇学校成为杭州亚残运会的独立竞赛场馆之一，承担亚残运会草地掷球比赛项目。该场馆改造项目于2021年9月开工，2021年12月竣工，2022年2月通过赛事功能验收。草地掷球项目的参赛选手为肢体残疾和视力残疾的运动员。

无障碍环境体验
——杭州文汇学校

从私人创办聋哑学校，到成为亚残运会独立竞赛场馆，吴山聋哑学校（今杭州文汇学校）在百年风雨中，见证了无障碍环境建设从无到有、从有到优的发展历程。

二、 全国示范创建首启航

从今天无障碍环境建设的视角来看，当年教授聋哑儿童"能通语言文字"，何尝不是破解聋人、听人之间信息障碍的努力与尝试？！

吴山聋哑学校的创办也从另一个角度彰显了杭州近百年前，在推行无障碍环境建设方面的努力与创新。

在建设无障碍环境的道路上，杭州从未停下过努力的脚步。

2002 年，杭州成为首批 12 个创建"全国无障碍设施建设示范城（区）"城市之一。

2003 年，杭州市人民政府成立杭州市无障碍建设领导小组（简称领导小组），由市政府分管副市长担任领导小组组长，领导小组下设办公室，设在杭州市人民政府城市管理办公室（现杭州市城市管理局，简称杭州市城管局）。

2004 年 3 月，《杭州市无障碍设施建设和管理办法》（市政府令第 201 号）公开发布，自 2004 年 5 月 1 日起施行。

2004 年 12 月，杭州市创建"全国无障碍设施建设示范城市"工作通过国家验收。

2005 年 2 月，杭州市被建设部、民政部、全国老龄工作委员会（简称全国老龄委）、中国残疾人联合会（简称中国残联）命名为"全国无障碍设施建设示范城市"，原杭州市下城区被命名为"全国无障碍设施建设先进城区"。

2010 年 12 月，杭州市迎接国家检查组对创建全国无障碍先进城市工作开展考核、复评。

2011 年 5 月，杭州市受到国家检查组表彰，被命名为"'十一五'全国无障碍建设先进城市"。

杭州市在首批创建"全国无障碍设施建设示范城市"工作中，无经验可复制、可借鉴，能取得示范创建成功，既是荣誉，更是鼓励！

第八届全国残运会筹备片段录

在杭州市大力推进无障碍环境建设的征程中，必须要浓墨重彩提及的是2011 年杭州市成功承办的中华人民共和国第八届全国残疾人运动会（简称第八届全国残运会）。

正如第八届全国残运会会歌所唱的那样，"我们都一样，一样的生生不息"。第八届全国残运会的筹办过程，也是杭州城市无障碍设施的提升过程。

为期三年半的筹办工作，让杭州和全国人民看到了无障碍环境对一个城市发展的重要性，也让无障碍理念更加深入人心。

2009年12月11日，杭州市人民政府印发的《关于第八届全国残疾人运动会杭州市筹备工作总体方案的通知》中，两个部门的成立引人注目。

一个部门是由杭州市城乡建设委员会（简称杭州市建委）牵头成立的"场馆与无障碍建设部"，由杭州市城管办（现杭州市城管局）、杭州市发展和改革委员会（简称杭州市发改委）、杭州市交通运输局（简称杭州市交通局）、杭州市旅游委员会（简称杭州市旅委）、杭州市园林文物局（简称杭州市园文局）、杭州市贸易局、杭州市城建投资集团、杭州市公安局交通警察支队、杭州市体育局、杭州市残疾人联合会（简称杭州市残联）、各区政府（管委会）等单位抽调人员组成。主要任务包括：配合参与第八届全国残运会筹备委员会场馆与无障碍建设部的工作，对隶属本市的比赛场馆和城市道路进行无障碍设施新建与改造；督促隶属本市的宾馆、会场、车站以及商场超市、旅游景点进行无障碍设施的新建与改造；对公交车、出租车进行无障碍设施改造；对新建、改建的无障碍设施进行检查验收；完成第八届全国残运会筹备委员会交办的其他工作。

另一个部门是"市容环境整治部"，设置在杭州市城管办，其中的一项任务是按照《城市道路和建筑物无障碍设计规范》《无障碍建设指南》的要求，在主要道路、公厕、游乐场等处设立无障碍标志牌，整治各类侵占、损毁、破坏无障碍设施等行为。

以举办第八届全国残运会为契机，杭州市无障碍设施建设完成了一次华丽转身。

●对比赛场馆进行无障碍改造。浙江共设杭州、湖州、嘉兴、绍兴4个赛区，比赛场馆共19个，如杭州体育馆、杭州射击射箭运动中心、杭州市第一技师学院、城北体育公园、西湖体育馆、黄龙体育馆、浙江工商大学（下沙校区）体育馆、千岛湖国家水上运动训练基地、杭州电子科技大学（下沙校区）

体育馆、浙江财经大学（下沙校区）体育馆、浙江省残疾人体训中心等。杭州还新建了塘栖盲人门球训练基地。

男/女轮椅篮球项目安排在杭州电子科技大学（下沙校区）体育馆。该校投入300余万元，对场馆台阶进行了坡道改造，体育馆的卫生间、运动员淋浴间也都实现了无障碍化。

坐式排球项目安排在西湖体育馆。馆内新增了无障碍电梯、无障碍移动卫生间，淋浴室内也放置了防滑浴椅、活动式淋蓬座。馆内还新增了一部有盲文按钮和残疾人呼叫系统的残疾人专用电梯，电梯的楼层按键也做了适当下移。场馆改造总投资为350万元，改造后的场馆不仅方便了残障运动员的参赛，也方便了残障观众观看比赛。

●完成14家接待宾馆无障碍改造。改造完成轮椅无障碍客房357间、视力无障碍客房178间、听力无障碍客房177间。例如，中北大酒店8楼设有25间残疾人专用客房，轮椅可以轻而易举地进入卫生间。

●完成比赛场馆、接待宾馆周边公共设施及交通场站无障碍改造。包括44条道路、65座公厕、62个公交车站，汽车北站、汽车西站、汽车南站、汽车客运中心站等长途汽车客运站，以及杭州站、杭州火车南站、萧山国际机场。

完成50个十字路口366套盲人过街音响的安装，研制、生产并配置了具有电控感应功能的60座无障碍移动卫生间。

●投入无障碍交通工具。投放低底盘公交车2271辆、无障碍出租车230辆，引进50辆英伦TX4新型无障碍出租车。

●完成公共场所的无障碍改造。包括28个大型商场、超市、特色餐馆，以及12家残障人士健身体育场所。

●完成旅游景区的无障碍改造。包括杭州花圃、曲院风荷、花港观鱼、太子湾公园、岳王庙、中山公园、灵隐寺、西溪国家湿地公园（二期）等景点。

西湖景区内首次使用了履带式爬楼机，方便轮椅自如地"上下"台阶。

●助残志愿者队伍壮大。1.2万名残运会志愿者深入残疾人福利院、康复中心、特殊教育学校和街道社区,为残障人士提供心理辅导、医疗康复等服务。

●手绘无障碍地图。浙江工商大学43名大学生利用暑假时间,实地走访摸底,绘制了杭城无障碍地图和西湖无障碍地图,赠送给了第八届全国残疾人运动会组委会和杭州市无障碍环境促进会。地图上用橘红色线条标出每条路上的盲道,用不同颜色的数字代表各类单位机构,蓝色"WC"表示无障碍卫生间,区域内的无障碍设施一目了然。

四、 G20杭州峰会新呈现

G20杭州峰会(二十国集团领导人第十一次峰会)的成功举办,提升了杭州的知名度和美誉度。

2015 年 2 月，杭州市成功获得 2016 年 G20 峰会举办权，杭州第一次如此吸引全世界的目光。

在 G20 杭州峰会服务保障期间，杭州市城管局结合城市道路和街容环境提升工程，对重要节点的无障碍设施进行了同步提升。

围绕峰会圆心，杭州市城管局牵头推进 264 项道路环境综合整治工程，工程范围涵盖 30 余个部门、9 个城区、70 余个街道，还有省部级以上国企、央企、高等院校和驻杭部队等。在 300 余天整治时间内，既要高标准、高质量地完成工程项目，又要最大限度地降低交通、供水、供电、供气等施工对民生造成的影响，同时还要展现"独特韵味"，其中的难度前所未有！在杭州市委、市政府的坚强领导下，杭州市城管局全力承担了项目推进的具体职责，从政策起草、标准设置、设计把关、方案审查、工程推进、现场督查、项目验收、媒体宣传、后勤保障等方面全方位参与，通过与各部门协作，组建"集团军"，同心同向，形成了最大合力，取得了最大成效。

《杭州市城市道路和街容环境提升整治标准》对人行道提出分类整治标准。其中，涉及人行道无障碍设施的技术指标包括：①无障碍设施完好、整洁；②色彩与周边环境相协调；③缘石坡道设置率 100%。此外，该标准对人行道铺面、人行道设施设置均提出了要求。

●人行道铺面

应遵照《城市道路工程设计规范》（CJJ 37—2012）（2016 年修订）、《无障碍设计规范》（GB 50763—2012）等规范的要求，进行人行道的整治设计。

做好人行道的无障碍设计，缘石坡道应与人行横道线相对应，盲道应沿人行道靠建筑物一侧设置。

做好城市干道二次过街的设计，结合道路标志、标线、信号灯及护栏一并考虑。

●人行道设施设置

对人行道上各类设施进行整治，确保规范有序，从根本上扭转人行道设

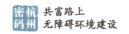
施设置不规范的局面。

重点整治设置于人行横道线出入口、盲道上的设施；设置于路口的交通标杆应尽量合杆，减少占路数量；对不涉及线缆的设施，如邮筒、废物箱等应调整出路口范围。

各类公共设施应在宽度大于 3 米的人行道上的公共设施带内设置，保证设置后公共设施带边线外的人行道通行宽度不小于 2 米。

占用人行道的"其他设施"，应予以拆除或调整出道路红线范围。

未设置公共设施带的人行道及路口范围内的"广告设施"，一律限期予以拆除。

人行道上存在的"残留障碍物"须全部予以清除。

264 项道路环境综合整治工程项目实施后，杭州的基础设施环境有了很大提升，得到了全世界点赞。

五、 杭州亚运会、亚残运会来了

好风凭借力，送我上青云。

2015 年 9 月，杭州市成功获得第 19 届亚运会、第 4 届亚残运会举办权。

放眼全球，获得国际体育赛事举办权的城市，对无障碍环境建设均十分重视。为筹办 2020 年夏季残奥会，日本东京在 2017 年就着手无障碍环境的提升与改造。北京市抓住冬奥会、冬残奥会筹办契机，于 2019 年 11 月启动了北京市无障碍环境建设 2019—2021 年专项行动。

杭州亦是如此。

2020 年 11 月 25 日上午，浙江省政协举行第二十二次民生协商论坛（简称浙江省政协民生论坛），围绕"推进无障碍环境建设"主题协商议政。

将无障碍环境建设纳入全省建设工作全局，提高无障碍环境规划的整体性、系统性、连贯性，增强其与区域规划的统筹协调。结合交通设施、旅游景区、文化场馆、商圈、市场等9类公共场所服务提升以及农贸市场和专业市场"五化"提升行动，提高全省无障碍环境建设水平。

——摘自《十二届省政协第二十二次民生协商论坛情况报告》

浙江省委指示：浙江省政协民生论坛围绕"无障碍环境建设"提出 5 方面 20 项具体举措，针对性、操作性强，应认真研究并纳入 2022 年亚残运会筹备工作中。

实际上，在 2020 年 2 月，杭州市新一轮无障碍环境建设正在破题谋划。围绕"谁牵头，如何实施"，杭州市委、市政府已多次组织召开专题会议，商议具体工作落实，并专门出台"三年行动计划"。

杭州市城管局从"四家候选单位"（即杭州市城管局、杭州市建委、亚组委场馆建设部、杭州市残联）中"脱颖而出"，负责全市无障碍环境建设的牵头抓总，并会同相关职能部门起草专项行动方案，做好全市动员部署、统筹协调等各项工作。

"办好一个会，提升一座城"。杭州市制定了"匠心提质绣杭城"专项行动方案，明确了"十看"标准：一看卫生环境，二看街容街貌，三看道路品质，四看城市夜景，五看园林绿化，六看公用设施，七看公共交通，八看无障碍环境，九看历史文脉，十看亚运氛围。

将无障碍环境列入"十看"内容之一，充分体现了杭州市委、市政府的高度重视。

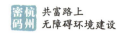
借助亚运会、亚残运会的筹办，杭州的无障碍环境建设迎来了千载难逢的发展契机。

六、 全国示范创建再扬帆

从"十一五"到"十四五"，无障碍建设从"设施"向"环境"转变，检查考评的内容也随之发生变化。

2022 年 6 月 1 日，全国评比达标表彰工作协调小组批复，同意设立"全国无障碍建设示范城市（县）"创建示范项目。

2022 年 7 月 22 日，住房和城乡建设部（简称住建部）、中国残联联合印发《创建全国无障碍建设示范城市（县）管理办法》《创建全国无障碍建设示范城市（县）考评标准》。至此，新一轮的全国示范评选正式开启。

全国无障碍建设示范城市（县）命名有效期为 5 年，"十五"到"十三五"时期命名的全国无障碍建设示范城市（县），不在复查范围之内。

为认真做好新一轮"全国无障碍建设示范城市（县）"迎检工作，2023 年，杭州市城管局、杭州市残联主动赴住建部、浙江省住房和城乡建设厅（简称省建设厅）、省残联汇报对接，对标对表创建考核要求，确保创建示范城市与保障亚运会、亚残运会实现融合融通、双助双促。

同时，加强与相关部门对接，研究新建项目无障碍问题"零增长"、改造项目实现 100% 达标等 19 项具体考评标准。积极做好创建方案制定、任务分解落实、动员部署准备等前期工作，完成"全国无障碍建设示范城市（县）"考评指标细化，并推动和指导桐庐县、淳安县、建德市单独申报。

自 2023 年 6 月开始，杭州市政府调整完善领导小组，新增创建全国示范城市任务，印发年度重点任务考核目标，向省建设厅报送申报材料，积极做好各项创建工作。

新一轮"全国无障碍建设示范城市（县）"评选结果将于2024年底揭晓。

七、 "两个先行"赋予新内涵

2022年2月23日上午，中国共产党杭州市第十三次代表大会隆重开幕。大会主题是：高举习近平新时代中国特色社会主义思想伟大旗帜，认真落实党的十九大和十九届历次全会精神，深入学习贯彻习近平总书记对杭州工作的重要指示批示精神，围绕忠实践行"八八战略"、奋力打造"重要窗口"，奋进新时代、建设新天堂，向着世界一流的社会主义现代化国际大都市阔步前进。

杭州市无障碍环境建设，是奋进"两个先行"的小切口。在新时代、新要求下，推动新一轮无障碍环境建设，要深刻把握"时代之变"。

与以往相比，这个"时代之变"主要呈现在三个方面。

●供需结构之变。截至2022年底，杭州市户籍人口中60岁及以上的人口为228.0万，占总人口的18.4%，比2021年上升1.1个百分点。截至2023年5月，全市共有持证残疾人23.6万，占户籍人口的2.8%。杭州常住人口如今已超千万，人口基数大，需求层次多，特别是随着老龄化时代的到来，无障碍建设"不平衡、不充分"的问题日益暴露出来。

●覆盖范围之变。杭州无障碍建设必须形成"纵向到底，横向到边"的服务网络，过去主要针对主城区，部分延伸至副城区，如今是全市域覆盖；过去主要针对交通出行等方面，如今是吃、喝、玩、乐、游、购、娱等全行业覆盖。整个无障碍环境建设是一项系统工程，其覆盖范围发生了巨大的变化，已与过去不可同日而语。

●建设内容之变。无障碍建设从"设施"到"环境"，虽然只是两个字的变化，但实施标准、实施内容及信息交流无障碍的破题、创新等，都在考验这个行业、这项事业的管理者、参与者。

共同富裕是一场深刻的社会变革，是全面建成小康社会后的一种更高级的社会形态。现代化城市，有优美、文明、适宜人居的城市环境。杭州市作为经济较为发达的沿海城市，在迈进共同富裕和打造现代化城市范例的新征途中，立足共同富裕，对照物质生活、精神生活、生态环境、社会治理、公共服务等各个维度，建立健全相关工作体系、标准体系、评价体系，努力实践探索具有普惠价值和普遍意义的现代化路径。

第二章

无障碍城市的『杭州细节』

使老有所终，壮有所用，幼有所长，鳏寡孤独废疾者皆有所养。

——《礼记·礼运》

只需要轻轻一推，笨重的行李箱就能轻松地被推上值机柜台边上的传送带。

这就是杭州萧山国际机场首次投用的全舱式自助行李托运设备——零高差传送带，乘客不用提行李箱，只需推上传送带即可。

　　这让所有乘客都能受益的"轻松一推"，只是新启用的萧山国际机场T4航站楼无障碍服务中的一个小细节。

　　穿梭于萧山国际机场T4航站楼，犹如"荷下泛舟"。沿着空港大道向东远眺，T4航站楼巍巍映入眼帘，巨大的银白色屋顶如同波浪起伏，仿佛又一片西湖横空出世。

　　与新航站楼"高大上"的建筑相得益彰的，就是这里的无障碍设施。

　　比如，在零米层以及登机桥设置的无障碍坡道，扶手坡道的长度为11米，坡度不大于1∶12；针对高度超过1.5米的坡道，在坡道中部还设置了休息平台；坡道及休息平台两侧设无障碍双层扶手，高度为90厘米，端头伸出30厘米，端头10厘米处的上部设置引导盲文，同时坡道与平台扶手保持连续。这一切都是为了更大限度地方便残障人士出行。

　　再比如，新航站楼的无障碍卫生间里，配备了人工肛马桶。别看它不起眼，但一个造价就要15万元。随着结直肠癌发病率的逐年提高，愈来愈多的患者需行造口术，据统计，我国现有永久性造口人数超过百万，每年约有

10万人接受造口手术，医学上称这
类患者为"造口人"。这些患者在长
时间的飞行过程中，体外积存的排
泄物必须及时清理，否则就会产生
异味。人工肛马桶就是专为这些"造
口人"设置的独立马桶。这个看起来
像洗水盆的人工肛马桶，上面有水
龙头，装有人工膀胱、人工肛门的
旅客可以在此冲掉排泄物，及时清
洗假体袋等。虽然可能几天也遇不
到一个这样的旅客，但萧山国际机
场仍为他们提供了专用的设施。机
场工作人员说："即使只是为很少数

人服务，但这些人的感受值得我们呵护。希望他们在萧山国际机场停留的时
候，能少一些痛苦。"

二、　缘石坡道"零高差"

　　不管是坐轮椅，还是拉着大件行李箱，"走"在杭州的马路上，都是顺
畅无碍的。

　　因为杭州主要道路的"马路牙子"零高差是标配。

　　零高差使得残障人士坐轮椅出站台、过马路，都可以轻松地通过缘石坡
道进入人行道；广大市民也不用为抬婴儿车和行李箱而苦恼。

　　缘石坡道，属于无障碍设施的一种，位于人行道口或人行横道两端，是

方便乘轮椅者进入人行道行驶的一种坡道。于 2021 年 9 月 8 日发布并于 2022 年 4 月 1 日实施的《建筑与市政工程无障碍通用规范》（GB 55019—2021），其中第 2.10.2 条规定：

缘石坡道的坡口与车行道之间应无高差。

此前的国家规范"高差在 1 厘米以内"都是符合要求的。

但就是这 1 厘米的高差，对需要轮椅出行的残障人士来说，就是"天堑"与"通途"的差距。

而杭州市早在 2020 年 11 月便印发了《关于印发〈杭州市无障碍环境融合设计指南（试行）〉的通知》，其中第 4.1.2 条规定：

缘石坡道的坡口与车行道之间不应设高差。

1 厘米的改善，能让无数人感受便利。此次，杭州借助举办亚运会、亚残运会的契机，启动无障碍环境建设"三年行动"，要求缘石坡道坡口与车行道之间，从原先的"1 厘米高差"改到"零高差"，足足比国家标准的实施早了一年。目前，杭州全市城市道路范围内的缘石坡道覆盖率已达到98%，公共场所、重要交通枢纽等场景内已实现轮椅坡道全覆盖。

三、　地铁"管家式"服务

　　雨天的地铁站出入口，一名乘客手搭着地铁工作人员肩膀，一步步小心地走下台阶……

　　这是2023年5月发生在杭州地铁的暖心一幕。人民日报公众号推文《地铁站口，这个"搭肩"动作全网点赞！》。

　　出行难，是横亘在残障人士面前的鸿沟。一个台阶、一条马路都可能阻碍他们前行。而如今，乘坐地铁是杭州残障人士最喜欢的出行方式。因为，杭州地铁对残障人士真的太友好了，温暖的细节无处不在。

　　●无障碍标识设置标准化

　　杭州地铁根据相关设计规范，在相应区域设置了无障碍标识。

　　在站台楼扶梯口、垂直电梯口，均设置垂直电梯（站厅至地面）与卫生间（含无障碍图标）位于某一出入口的标识；站台设有指引往站厅的垂直电

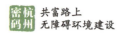
梯导向牌。

站厅付费区设置垂直电梯位于某一出入口与卫生间（含无障碍图标）的导向指引标识；出闸机正前方设置出口信息包含无障碍标识；综合资讯图与出口资讯版面均包含垂直电梯与卫生间（含无障碍图标）位于车站方位。

地徽与出入口运营告示均公示本站垂直电梯与卫生间（含无障碍图标）位于某一出入口信息。

●车站配备轮椅斜坡板

地铁全线设有轮椅斜坡板，以方便残障人士安全上下车。

●车厢设置残疾人靠扶

为保障残障人士的乘车安全，每节列车车厢均设有残疾人靠扶，并在对应的屏蔽门设置无障碍标识。

●推出"爱心预约"服务举措

自2018年起，杭州地铁就推出无障碍"预约服务"。当乘客搭乘地铁出行遇到不便时，可通过拨打热线电话0571-96600或直接联系车站工作人员进行预约，工作人员会根据出行需求，做好服务对接，提供"最后一公里"的服务。

四、 多元化融入标识系统

2022年春运前夕，旅客们惊喜地发现——杭州东站变新了。

候车室灯光更明亮、检票口上方的数字提示更醒目、中央通道更宽敞……全新升级的标识系统，让旅客仿佛置身于一个全新的杭州东站。

标识系统是一个城市的基础性公共服务设施，也是国际化城市建设的重要切入点。在"后峰会、亚运会、现代化"的关键历史时期，城市标识系统作为城市公共设施中一个非常重要的组成部分，其系统化、人性化以及个性化的设立有助于树立良好的城市形象，有助于展现城市文化的气质与特征。一套完整的导向标识系统，特别是对残障人士的无障碍设计，更加能够体现城市的温度。

杭州市在推进无障碍环境建设过程中，非常重视无障碍标识的使用。2020年，杭州市城管局启动编制《杭州城市国际化标识系统导则》，以"国际标准、中国特色、杭州韵味"为理念，推进城市国际化标识系统建设改造，明确提出标识系统的国际化需达到标准化、专业化、数智化、系统化、人性化、本土化的"六化"要求。

据此，杭州市各大公共建筑、服务场所，对无障碍标志、无障碍设施标志牌以及用于指示方向的无障碍设施标志牌均进行了补充完善。

杭州的无障碍标识更加注重细节、体现多元。

例如，在大型商场、购物中心等综合体，无障碍卫生间的标志更加多样化，往往结合各场所的装修风格进行了个性化设计。城市公共厕所也同样进行了个性化设计，无障碍标志颜色设置为"绿白配"。

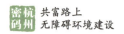
又如，应残障人士呼吁：为体现"人人平等"，无障碍卫生间的标识"男士、女士、轮椅人士三个人物的图形尺寸应一致"。

五、 全国首创"语音病历"

吴先生是一位视障人士。一天，他独自一人来到医院检查身体。他在志愿者的陪同下完成了挂号，并乘坐无障碍电梯到候诊大厅等待叫号系统叫号。

完成就诊和检查后，医生开出了智慧化导诊语音病历。

吴先生在扫码听取病情和医嘱时，不禁称赞道："扫码听病历不仅保护了我们患者的隐私，而且在患者忘记如何服药时，随时扫码就能知道医嘱，不再需要他人帮助，真方便！"

线上定制，实现"看得见"。杭州结合数字化改革契机，创新开发的无障碍诊疗智能语音病历系统，解决了视障人士在就医过程中无法阅读纸质病历信息等问题。接诊医师将治疗方案输入电脑数智语音病历中，完成就诊后，

浙大市一医院
门诊病历

姓名：测试大喜哥 性别：男 年龄：36岁　就诊卡号：MM21　　　　　血压：　　　　　mmHG 脉搏：　　　次/分
就诊日期：2023-08-14 09:30　就诊医生：管理员　　就诊科室：爱心门诊　　　　病人去向：离院

病人主诉：身强体健测试接诊
现 病 史：身强体健测试接诊
体格检查：体型消瘦
既 往 史：SAD
诊　　断：健康查体

处　　理：一次性注射器2CC
注意事项：病情变化及时复诊。
　　　　　温馨提醒：复诊预约1到28天内：请拨打12580或114。
　　　　　预约挂号：浙江省预约诊疗服务平台，杭州市一医院微信公众号等。

　　　　　　　　　　　　　　　　　　　　医生签名：

点击"打印语音病历"，一张带有二维码的门诊病历就被打印出来。视障人士通过手机扫码就能听见病历内容。这就是杭州市医疗卫健系统在全国率先推出的"语音病历"。它得到了视障人士的高度赞誉，还意外获得了老年患者的喜欢，通过语音播报了解自己的病情，有了隐私的安全感和满满的获得感！

杭州市 13 家市属医院全面实现语音病历无障碍配置，区级医院、社区卫生服务中心等同步跟进。

<table>
<tr><td>六、</td><td>"两个礼让"看"浙"里</td></tr>
</table>

"礼让斑马线"是杭州的一张文明金名片。

如今，杭州的"礼让"文明风尚再升级：探索推行"礼让盲道""礼让第三卫生间"两个礼让行动，努力打造成为"浙江有礼"省域文明的又一主题实践。

2022 年 9 月 16 日，杭州市城管局印发《关于印发〈杭州市"礼让盲道""礼让第三卫生间"实施方案〉的通知》，在拱墅区试点的基础上，决定在全市范围开展"礼让盲道"和"礼让第三卫生间"行动。

> 浙江有礼，"礼让盲道"和"礼让第三卫生间"，为营造全社会关爱、礼让特殊人群的良好风尚，进一步体现杭州的城市温度和精神文明、建设共同富裕示范区，制定本实施方案。
>
> ——摘自《杭州市"礼让盲道""礼让第三卫生间"实施方案》

根据方案要求，杭州市城管局在重点区域、主要节点，持续推广"礼让盲道"提示标语施划工作，越来越多的城市道路盲道被占用的现象得到改善。同时，在道路加固工程设计方案审查时明确：宜每间隔50米，在盲道侧边地面上设置"礼让盲道"的提示标识。

推进共享单车礼让出行。共享单车停放泊位设置电子围栏，市民将车辆停放至电子围栏里方可还车；共享单车App及小程序等租还渠道均上线了"文明骑行、礼让盲道、停车入框、入框同向"的提示弹窗，在开关锁时，车辆也会语音提醒，引导市民规范停放、礼让盲道。

完善"礼让第三卫生间"服务举措。全市有独立第三卫生间或无障碍卫生间的公厕已全部完成礼让标识张贴，并列入城市管理目标"清洁度"检查考核。对有条件的公厕还设置了语音播报系统，播报语音信息："文明有我，礼让第三卫生间（无障碍卫生间），本设施优先为残疾人、孕妇、老人等行动不便者提供服务。"

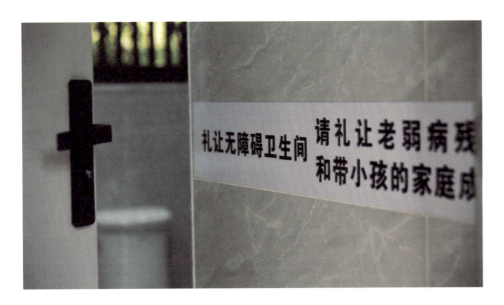

同时，以无障碍设施"零侵占"为目标，在全市范围内推进违法侵占无障碍设施专项整治行动，将无障碍环境建设执法工作固化为日常工作，持续开展机动车、非机动车随意停放侵占盲道、坡道，沿街商家出店侵占盲道、坡道，隔离带、隔离墩不规范放置侵占盲道、坡道等各种乱象整治，营造"心有爱，行无碍"的无障碍环境良好社会风气。

"礼让盲道""礼让第三卫生间"，并非一日之功，为持久推动"两个礼让"新时代新风尚，杭州市城管局发出倡议：

●有序停放、不占盲道。遵守法律法规和社会公德，维护公共秩序，停放共享单车、电动自行车、机动车或经营活动时，不占用盲道。

●礼让为先、文明如厕。少用无障碍卫生间、第三卫生间，如遇紧急情况时，应自觉减少占用时间及使用频次，确保为残障人士、孕妇、老人等行动不便者优先提供服务。

●热心公益、风尚有我。欢迎广大市民朋友成为"礼让盲道""礼让第三卫生间"公益活动的重要一员，让我们一起为"杭州有礼"助力，共同为"最美杭州"添彩。

七、 不一样的老旧小区

随着人民生活水平的提高，人们对居住品质的要求也越来越高，都渴望拥有一个舒适、惬意的居住环境。

杭州市拱墅区德胜新村有持证残障人士 240 余人。社区结合老旧小区改造，同步开展省级无障碍社区的创建，用心打造无障碍社区环境。社区对小区整体路面做了平整和坡化，提升了主要公共场所的无障碍设施。同时，通过建设数字盲道、盲人阅览室，提供社区服务大厅信息无障碍服务等，充分打造人性化的无障碍信息环境。社区还建设了 2000 平方米的"省级示范五星级居家养老服务中心——阳光老人家"，整合各类志愿者队伍资源，不定期开展各类义诊活动和健康讲座。在"乐龄家智慧养老"系统支持下，逐步建立社区居民健康管理无障碍平台。住建部领导亲临指导德胜新村老旧小区无障碍建设，并给予充分肯定。

杭州市德胜新村社区无障碍明盲对照导览示意图

第三章 无障碍建设的『杭州实践』

在理想的最美好世界中，一切都是为最美好的目的而设。

——伏尔泰

一、党政机关办公楼及服务窗口

扛起省会担当，展现头雁风采。

在打造无障碍环境过程中，杭州市的各级党政机关再一次走在前、做示范。

2020年7月9日，杭州市机关事务管理局牵头组织召开"市本级党政机关办公楼和审批、服务窗口无障碍环境建设工作动员暨培训会议"，87家部门参会，杭州市无障碍环境建设领导小组办公室（简称杭州市无障碍办）到会指导。

2020年8月31日，杭州市无障碍办组织杭州市财政局、杭州市机关事务管理局、杭州市城管局召开无障碍环境建设资金保障专题协调会议，重点就市级党政机关办公和审批场所无障碍改造等事项进行了协商，明确了如下内容。

●党政机关是重要窗口，强化责任担当，在无障碍环境建设工作中走在前、做表率，发挥头雁作用。

●市民中心由杭州市机关事务管理局统一实施，其他市级党政机关办公和审批场所按照"谁使用、谁建设、谁管理、谁负责"原则，由使用单位负责改造，资金由使用单位各自向市财政局申报落实。

●杭州市机关事务管理局做好各市级党政机关办公和审批场所统筹指导。

随后，杭州市机关事务管理局组织召开市级党政机关公共场所信息交流无障碍环境建设动员培训会议，杭州市无障碍办进行授课指导。

2020年8月至2022年底，杭州市机关事务管理局牵头，在市本级完成36个责任主体共755项负面清单的问题整改、销项工作。其中，市行政服务中心、市民之家办事大厅、市中级人民法院审判楼、退役军人事务局服务大厅、市民中心图书馆、青少年活动中心、市华侨活动中心、市公安局出入境服务大厅、市住房保障和房产管理局平海路办事服务大厅等责任主体，高标准完成无障碍问题整改任务。

13个区、县（市）及西湖景区管委会完成各自辖区党政机关办公楼及行政服务中心无障碍环境建设，并向镇（街）、社区延伸；区属公、检、法，镇（街）公安派出所及综合行政执法窗口等完成无障碍问题整改全覆盖。

截至2022年5月底，区级无障碍专班推动区、街道、社区完成辖区政务服务场所无障碍问题改造765处。

各区政务服务机构无障碍问题整改情况表（截至2022年5月）

城区	整改场所数量/处	轮椅坡道/个	升降平台/个	门/扇	无障碍电梯/台	无障碍卫生间/个	无障碍停车位/个	轮椅席位/个	低位服务台/个
上城区	96	90	2	52	21	68	46	11	94
拱墅区	226	225	35	64	17	198	27	9	131
西湖区	28	39	0	5	16	31	38	64	37
滨江区	9	6	0	5	6	11	13	0	9
萧山区	94	70	0	7	0	56	42	6	69
余杭区	56	22	0	7	4	21	24	13	21
临平区	12	31	0	12	8	76	13	12	28
钱塘区	24	19	0	4	20	26	43	6	24
富阳区	86	93	2	0	31	183	102	82	85

城区	整改场所数量/处	轮椅坡道/个	升降平台/个	门/扇	无障碍电梯/台	无障碍卫生间/个	无障碍停车位/个	轮椅席位/个	低位服务台/个
临安区	49	49	0	41	11	54	61	46	48
桐庐县	41	57	0	30	12	66	46	40	40
淳安县	11	9	0	0	1	11	11	11	8
建德市	33	37	0	15	13	34	30	24	27

案例 1：杭州市行政服务中心

杭州市行政服务中心总占地面积 3.6 万平方米，共进驻职能部门和单位 73 家，设置窗口 276 个，可办理各类审批服务事项 991 项。

杭州市行政服务中心在完成无障碍设施硬件问题改造后，绘制了市民中心（行政服务中心、市民之家）内部地图，地图分视障人士、肢残轮椅两个

版本，为有需要的市民提供了无障碍服务。这一贴心举措，让视障人士、肢体残障人士也能自主行动。

　　针对残障人士在市民中心办事过程中遇到的信息获取不便问题，市民中心通过语音文字互转系统、听力辅助系统、手语翻译系统、无障碍导示系统等，实现残障人士自主完成业务办理。

　　　　行政服务中心还推出了视障人士无障碍服务应用 App。该 App 采用列表设计方便读屏；采用色差明显的设计，加强视觉辨认；采用统一颜色，方便色盲人士使用；提供无障碍信息分类查询展示、无障碍路径规划、室内室外一体化的定位导航等服务；推出肢残轮椅 App，支持将室内建筑、无障碍设施、路径通行情况等直观地展示在地图上。

无障碍环境体验
——杭州市民中心

案例 2：萧山区行政服务中心

萧山区行政服务中心成立于 2002 年，是全省最早的行政服务中心之一，是浙江省首批示范性行政服务中心。中小大楼新建于 2019 年，建筑面积 3.5 万平方米，是集数字化、规范化、便民化于一体的办事大厅。现有入驻单位 44 家，各类窗口 170 余个，可办理事项 1577 项，年累计办件量 180 余万件，是杭州市域内功能最全、服务最优、效率最高的区县级政务服务平台。

从行为生活到信息交流，行政服务中心从多方面为残疾人、老年人、孕妇等特需人群提供无障碍服务。行政服务中心在一楼东导服台配备了手语翻译系统，还专门对工作人员进行手语培训，力求为特需人群提供贴心服务。

行动不便者往往会因为不想麻烦别人而放弃出门，行政服务中心专门增设无障碍停车位、无障碍电梯、低位服务区等，贴心服务每一位群众。

出门在外，难免三急。行政服务中心建设了无障碍卫生间，同时也将其作为第三卫生间，为特需人群提供便利。

案例 3：富阳区行政服务中心

富阳区行政服务中心，集室内无障碍导航、无障碍读屏等措施于一体，

为视障等特需群体实现了信息交流无障碍。

行政服务中心是富阳区无障碍环境建设重点场所之一。自 2021 年 3 月起，富阳区对行政服务中心实施整体无障碍改造，行政服务中心内有无障碍服务台、无障碍卫生间、无障碍停车位等，配备的无障碍信息设备有手语翻译系统、无障碍信息大屏、听力辅助器、无障碍读屏电脑、蓝牙语音提示器等，能够为前来办理业务的残障人士提供完善的无障碍服务。

同时，行政服务中心结合富阳区已完成助乘改造的 2 条途经行政服务中心的公交线路，与无障碍公交实现"门对门"无障碍对接。

案例 4：临安区政务服务中心

临安区政务服务中心新大楼于 2019 年 10 月启用，将原社保医保大厅、税务大厅、不动产中心、公积金大厅全部整合到一起，同时还整合了水、电、气、通信和公证等公共服务。现有进驻部门 26 个，窗口 113 个，工作人员 504 人（审判管理办公室 57 人），承担各类行政审批服务事项 1714 项，基本实现"进一扇门，办所有事"。

2021 年，临安区政务服务中心采用无坡道设计，完成了无障碍电梯、无障碍卫生间、低位服务台、无障碍停车位、无障碍席位、导引标识等提升改造。政务服务中心在原有的无障碍取叫号系统、无障碍信息显示大屏等设

施基础上，在办事区域提供无障碍上网区和无障碍填单台，配备无障碍读屏电脑、读屏软件等；在入口低位服务台处，配备无障碍读屏电脑、手语翻译、语音文字互转、助视器等无障碍软硬件设施，并放置无障碍办事指南。

值得一提的是，政务服务中心在无障碍卫生间增加了语音播报系统，并且为卫生间内的各类设施都贴上盲文铭牌。

案例5：三卫社区党群服务中心

三卫社区党群服务中心位于上城区九环路683号，占地面积约1700平方米。三卫社区现有户籍人口4100余人，其中在册残疾人88名（包括多重残疾3人，精神障碍7人，智力障碍7人，视力障碍5人，听力障碍13人，肢体障碍53人）；60周岁以上老年人1036人。社区从"服务、出入、生活、

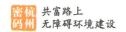
信息"4方面开展无障碍建设。

无障碍环境体验
——三卫社区

服务无障碍：增设无障碍服务台、手语翻译系统、电子助视器、爬楼机等，为残障人士提供办事服务。

出入无障碍：新增无障碍坡道、智能语音提示器、无障碍停车位、改造出入口高差等，确保残障人士能够无障碍通行。

生活无障碍：新增无障碍影院、无障碍阅读角，配置无障碍电影、书籍，丰富残障人士的精神生活。

信息无障碍：通过语音播报、扫二维码阅读的形式，方便听障人士、年长者和视障人士获取社区信息。

二、 城市道路

城市道路及其附属设施的无障碍建设，是城市无障碍环境建设的重要组成部分，是人们日常生活出行的基本市政设施。

（一）道路及人行过街设施

2020年7月23日，杭州市城管局印发《杭州市市政设施无障碍环境提升行动方案》，将6项内容列为重点任务，包括盲道、缘石坡道、桥隧无障碍设施、标识标志、公交站台的整改，以及新增设施质量严控。

2020年9月23日，杭州市无障碍办邀请北京、上海、深圳等地的专家，专题召开无障碍环境建设专家研讨会，重点就城市道路等无障碍疑难整改问题进行了充分研讨。杭州市城管局、杭州市交通局、杭州市规划和自然资源局、杭州市建委、杭州市残联等部门参会。

会议明确如下内容。

●行进盲道改造、维护问题：行进盲道板铺设错误，盲人行走有安全隐患的问题，应当立即整改；盲道破损、松动等问题，应当安排养护维修整改；盲道触感条尺寸不符合标准的，应当根据盲人出行需求、人行道整体质量、与标准偏离程度等要素综合考虑，分批次、有计划地逐步进行改造。

●行进盲道无法绕行井盖问题：因井盖等障碍物较多，行进盲道确实无法绕行，可在井盖两端设置提示盲道进行断开；如有条件的优先采用带有盲道的不锈钢隐形井盖、塑胶等新型材料进行接顺。

●缘石坡道坡口高差过大问题：缘石坡道处有电力、弱电等大型各类产权井盖及其他障碍物导致无法按标准实施坡度调整，应委托专业资质的设计单位因地制宜地提出坡度改造方案，同时坡口调整到符合无障碍规范的高差，重新铺砌路面缘石、面板。

●调整坡口处雨水箅子问题：无障碍坡道口处设有的雨水箅子（滤水孔洞宽度大于15毫米，开孔走向与轮椅通行走向一致）应更换进水孔走向、宽度，确保不影响轮椅、拐杖使用者正常通行，原则上雨水箅子材质采用球墨铸铁。

2022年4月1日实施《建筑与市政工程无障碍通用规范》（GB 55019—2021）后，杭州市城管局对照新规范，修订城市道路有关无障碍环境建设标准。2023年3月9日，杭州市城管局印发《市政设施无障碍环境提升改善工作指南的通知》，着重从28个方面作出了进一步的细化指导。

自2020年专项行动计划启动至2022年底，杭州市城管局牵头对全市城市道路、人行过街设施等开展了无障碍设施专项提升行动。

结合日常市政养护，完成道路无障碍问题整改51834项，超额完成杭州市残联负面清单问题数（24327项）。

完成179条"迎亚运"道路修缮、46条（段）道路加固以及84条（段）

无障碍专项提升项目，推动282条（段）道路完成无障碍问题整改。

完成75条（段）城市道路、35座城市人行天桥、25座人行地道的民生实事提升项目的既定任务，并辐射带动任务清单以外的22条（段）城市道路、12座城市天桥、11座人行地道的无障碍环境提升工作。

牵头做好示范道路创建。总结既有市政设施无障碍问题整改经验，增强城市道路无障碍环境建设系统性、整体性。2022年底，完成50条（段）"无障碍示范城市道路"，长度达54.3千米。

各区城市道路无障碍问题整改情况表（截至2022年5月）

城市道路（含人行过街设施）	道路总长度/千米	盲道总长度/千米	缘石坡道总数/处	公交站台总数/处	整改数						
					缘石坡道总数/处	提示盲道/处	行进盲道/处	无障碍电梯/台	升降平台/台	公交站台/处	过街提示音响/个
上城区	399.8512	211.5274	2184	230	717	1526	40.5482	0	1	17	3
拱墅区	217.9	429.6	780	52	687	963	34.7	0	0	29	6
西湖区	472.189	545.5	2513	952	689	1240	145	1	0	160	2
滨江区	249.4	233.4	4292	516	3298	2571	59.436	1	0	300	92
萧山区	220.6	329.7	3924	106	2504	2033	104.9	0	0	102	54
余杭区	65.569	47.318	889	116	422	435	13.658	0	0	40	25
临平区	430	400	748	600	748	2130	23.8	0	0	154	6
钱塘区	89.5	158.4	2587	118	1684	1025	54.25	0	0	76	141
富阳区	297.3	475.2	3142	297	1846	2455	463.7	0	0	146	130
临安区	70.108	119.269	1927	107	1383	1439	33.944	0	0	37	16
桐庐县	40.39	51.184	1063	172	1031	1152	41.184	1	0	164	20
淳安县	109.8	173.7	2572	187	1853	2799	12.8	0	0	156	0
建德市	87	80	2521	120	2445	2680	16	0	0	98	6

案例 6：上城区解放东路（秋涛路—之江路）

解放东路是钱江新城内的重点道路，紧邻杭州市市民中心、杭州国际会议中心、城市阳台等杭州地标性建筑。解放东路的提升改造，严格按照《建

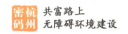
筑与市政工程无障碍通用规范》（GB 55019—2021）规范开展全覆盖、高精细排查整改。针对盲道板老化磨损严重、人行道坡道太陡、障碍物太多阻挡盲道行进等问题，在施工过程中，对原材料道板砖、盲道板、提示盲道板严格把关；在交叉路口均设置三面缘石坡道，坡度不大于1∶12，提示盲道走向与斑马线垂直对应，且坡道下口与车行道地面均为零高差；缘石坡道共降坡40余个，公交站台设置了全宽式单面坡，并加强了人行道与公交站台坡道、盲道与地铁出入口等方面的系统衔接。

案例 7：滨江区江南大道（风情大道—时代大道）

江南大道是横穿滨江区的主要城市道路，总长度4.9千米。在迎亚运道路提升改造中，滨江区严格按照国家规范要求，对道路原有的缘石坡道、盲道、公交站台进行全面改造，共整改盲道长度10.2千米，整改缘石坡道104

处，整改公交站台 20 个。

提升改造主要如下。

完成原有缘石坡道整改，整改后由 1 个正面坡（坡度不大于 1 ∶ 12）与 2 个侧面坡（坡度不大于 1 ∶ 12）组成，坡口处提示盲道铺设长度与坡口等宽，两侧行进盲道与二次过街处盲道相对应。

公交站台处采用单面坡（坡度不大于 1 ∶ 20），站台内盲道规范铺设。

对沿线的各公共卫生间，阡陌路人行过街通道、江晖路人行过街通道，地铁江陵路站、星民站、江汉路站、长河站等地铁站出入口，实施无障碍设施建设和信息无障碍配套。

江南大道提升改造后，既保证了美观和规范，又为残疾人、老年人、孕妇、儿童等提供了出行安全和生活便利。

案例 8：临平区人民大道

临平区人民大道无障碍环境提升项目，西起东湖南路，东至临东路，为城市主干路，全长约 1.25 千米，双向 4 车道。

该项目结合亚运氛围营造与无障碍功能需求，严格按照国家标准规范建设，全面整修盲道及缘石坡道，补齐破损缺失，规范各类无障碍设置以满足

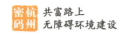
无障碍需求人士出行所需。

临平区人民大道于 2022 年 11 月新开通了全区首个地下人行通道。该地下人行通道位于人民大道与东湖南路交叉口，紧邻临平亚运场馆，整体呈"口"字形布置。地下通道总长 382.3 米，占地面积 2861.7 平方米，沿交叉口设置 4 个出入口，每个出入口设有自动扶梯、无障碍电梯、人行楼梯等。

案例 9：临安区钱王街（江桥路—临天路）

钱王街为临安区城市主干道。钱王街无障碍示范街区项目位于江桥路至临天路段，全长 700 米。

项目突出无障碍设施建设之间的协同性与系统性，实现了"建筑—道路—交通—空间环境"闭环以及各类无障碍设施之间有效衔接。精心打造了沿线公交站台、二次过街等配套的无障碍设施，连通沿线商业综合体、临街银行、超市、电信服务等公共场所以及新民里社区党群服务中心、城市公共卫生间,将盲道和无障碍坡道延伸至窗口单位,形成残障人士出行无忧、办事便利的无障碍生活圈示范区。

项目累计整改二次过街设施 2 处、缘石坡道 26 处、公交站台 2 个,新增轮椅坡道 1 处、盲道引入 5 处。

案例 10:千岛湖镇重点城市道路

淳安县无障碍办对千岛湖镇城区重点道路进行无障碍环境提升改造,与广场公园、商超、银行、医院、社区、办证中心、车站等实现系统衔接。

重点道路主要包含珍珠大道、阳光路、南景路、南山大街、新安东路、新安北路、环湖北路、环湖南路等;广场公园主要包含千岛湖广场、秀水广场、珍珠半岛三大广场和江滨公园、新塘公园、一家山水公园等人流量集中的公园。道路改造内容包括盲道、井盖、树池、无障碍坡道、无障碍停车位等。

(二)过街音响提示装置

2021 年,杭州市公安局交通警察支队制定人行过街提示音响布点方案,经与杭州市无障碍办共同研究明确了设置依据及参数后,印发了《关于实施"过街语音提示设施"建设方案》,明确在全市亚(残)运会场馆周边 151 个路口 886 个方向安装过街语音提示设施。该项工作于 2022 年下半年全部完

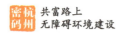
成并通过验收。

"过街语音提示设施"实现了更新换代，既符合现行国家标准《道路交通信号灯设置与安装规范》(GB 14886—2016)4.3.6 条和《道路交通信号灯》(GB 14887—2011) 5.12 条的规定，又与新出台的 2022 年 4 月 1 日正式实施的《建筑与市政工程无障碍通用规范》(GB 55019—2021)相衔接，符合第 4.0.8 条规范。

●应保证视觉障碍者的通行安全，且有利于辨别方向。

●应在主要商业街、步行街和视觉障碍者集中区域周边道路的人行横道设置。

●应结合人行横道信号灯统一设置。

●应避免产生噪声污染。

●应设置开关功能。

杭州市公安局交通警察支队开展交通设施阻碍无障碍通行的问题排查和整改，在全市域范围内的城市道路、城市交通枢纽（车站、码头、公交站）等部位，对交通标志和涉及交通的杆件、机箱、隔离墩、护栏、临时标志、锥形帽和交警岗亭等影响无障碍的交通设施开展排查整改，完成问题排查、整改 723 件。针对在人行横道等交通组织调整且影响无障碍通行需要时，会同城管部门共同解决。特别是在新建道路和亚运提升道路审批期间，就路段 "Z" 字形斑马线和路口岛头提升方面，通过部门会商机制，规范了道路提升标准。

三、 城市交通枢纽及交通工具

无障碍交通被誉为社会大众的交通线、安全线、生命线。

2020 年 6 月至 2022 年底，杭州市交通局以打造公共交通"全面覆盖、安全方便、无缝衔接"的无障碍环境，全面提升公共交通无障碍综合服务水平为目标，在落实杭州市无障碍办交办的 1372 项整改任务的基础上，再自查问题 1376 项，累计整改任务达 2748 项，涉及交通运输行业 20 家单位。

通过行业系统作战和属地配合，1 个机场、11 个火车站、8 个市管高速服务区、20 个汽车客运站、9 个水运码头、已运行的 12 条地铁线路等实现了无障碍再优化、全覆盖，公交车、出租车、游船等同步提升无障碍环境综合服务水平。

1. 机　场

杭州萧山国际机场是杭州亚运会、亚残运会的空中口岸，代表着中国、浙江和杭州的形象。2022 年，在杭州萧山国际机场三期建设时，萧山机场建设方邀请中国残联、清华大学、北京大兴机场等有关单位的著名专家指导，打造了无障碍设施全覆盖的 T4 航站楼，为国内机场无障碍系统化设计提供了示范案例。

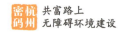
案例 11：杭州萧山国际机场 T4 航站楼

萧山国际机场 T4 航站楼是 2022 年亚运会、亚残运会的重要配套保障工程，于 2021 年底基本建成。机场的无障碍设计主要体现在航站楼和交通中

心等公共服务空间，展示了浙江特色及重要窗口形象，同时也体现了"四型机场（平安、绿色、智慧、人文）"中的"人文机场"。

新建的 T4 航站楼无障碍建设专项投入超过 5000 万元，涵盖无障碍设施建设 13 个分项工程。项目完成后，无障碍坡道、预安检无障碍专用通道、候机区无障碍轮椅席位、低位饮水装置、无障碍停车位等无障碍要素全部实现规范设置；盲道布局合理，实用性强，采用定制石材，连续铺设，盲道尺寸统一（500 毫米×500 毫米）；无障碍卫生间 76 个，无障碍电梯 120 台，电梯内低位按钮设在低位扶手上，上面标有"紧急服务"按键。

走在萧山国际机场 T4 航站楼时，贴心的无障碍设施，除了在本书第二章——无障碍城市的"杭州细节"中描述了 T4 航站楼的"123"以外，还有如下很多吸引大家目光的地方。

盲道：航站楼盲道设计分为行进盲道和提示盲道，主要位于出发大厅，落客平台直至 23 号和 27 号入口采用定制石材连续铺设，室内采用花岗岩盲道延伸至旅客至问询台处；问询报备后会有专人引领直至顺利登机。提示盲道和行进盲道块面尺寸统一使用 500 毫米×500 毫米，布局合理，美观大方，

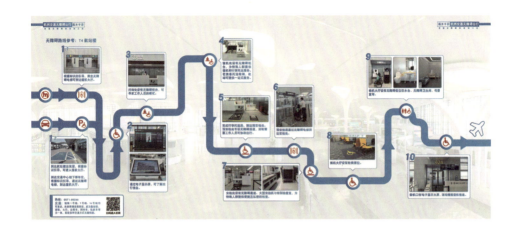

实用性强。

无障碍卫生间：为方便残疾人、老年人、孕妇、儿童等如厕，在航站楼及南北长廊分区域设置了无障碍卫生间 76 个，内设紧急通视窗、传声百叶、声光报警装置、无障碍厕位安全抓杆、多功能台、儿童坐便位、儿童洗手盆、儿童安全座椅（可折叠）等设施。

无障碍电梯：场区内外共设置 120 台无障碍电梯。室内、室外观光垂梯，电梯轿厢侧壁增加不锈钢无障碍扶手、选层按钮，操作面板安装有显示装置与报层音响，做到语音播报全覆盖；在门内侧上方设置不锈钢反光镜，在轮椅进出时避开视线误区，做到人性化体验。

低位柜台：机场专为特需人群设置了低位服务柜台、低位值机柜台、低位饮水机等，为旅客提供更轻松的出行体验。

无障碍环境体验——萧山机场 T4 航站

2. 铁路火车站

杭州市、区两级相关部门对杭州东站、杭州站、杭州南站、杭州西站、临平南站、富阳站、富阳西站、桐庐站、桐庐东站、建德站、千岛湖站等

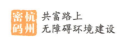
11 座客运火车站无障碍环境进行了全面排查、整改和提升。

案例 12：杭州东站

杭州东站作为杭州市接驳功能齐全的交通枢纽，在完成无障碍问题负面

清单整改的基础上，又对无障碍标识标牌引导及盲道流线进行了优化，通过吊挂导示牌、设置导示立牌和导视柱、贴面导视等多种手段，盲道的规范性、流畅性、实用性得到了提升优化。

例如，候车区域黄色检票口，可视距离扩大，文字大小由原来的 30 厘米增大至 45 厘米，扩大了 50%。整个候车区域，包括落客平台、出站到达点等静态标识全部更换提升，由原来的黑底白字变成了蓝底白字，不仅放大了尺寸，还做了背光处理。

3. 高速服务区

杭州市交通局对市管的萧山、下沙、桐庐、建德、径山、临安、龙岗、西湖等八个高速服务区的无障碍环境进行了全面排查、整改提升，重点包括无障碍停车位、无障碍坡道、无障碍卫生间、低位服务台、无障碍标识系统等。杭州市内各高速服务区无障碍环境得到了明显提升。

案例 13：杭州绕城高速西湖服务区

经过两年的改造升级，位于杭州绕城高速公路南线的西湖服务区于 2022 年 7 月 25 日重新开放营业，作为国内首个申请绿

色建筑认证体系（leadership in energy and environmental design, LEED）的智慧服务区，一亮相就成了热门打卡点。西湖服务区成为杭州市管高速服务区的标杆，出入口无障碍通道、低位服务台、无障碍卫生间、无障碍停车位等各要素均实现规范配置。

4. 客运汽车站

杭州各大客运汽车站点建成时间相对较早，无障碍设施相对不足。尽管客运汽车站在第八届全国残运会筹办期间进行了整改，但总体上与现行标准、要求尚有距离。2020 年 7 月后，杭州市、区两级相关部门对 20 个客运汽车站开展了无障碍环境建设专项提升工作，主要包括进站无障碍通道、售票专用窗口、服务台咨询点、母婴候车室、无障碍卫生间、残疾人专用检票口等重点区域。

案例 14：汽车客运中心站

汽车客运中心站无障碍流线顺畅，车辆停放地下无障碍车位，通过无障碍电梯可直达一楼售票大厅。在人工售票窗口无障碍低位服务台购票，通过安检宽通道进入候车大厅。站内的无障碍卫生间、语音提示和盲文按钮、电子显示大屏，以及连续的无障碍标识牌等提供了无障碍的出行服务。

5. 地　铁

杭州地铁无障碍环境建设项目入选了 2021 年度杭州市精神文明建设"十件大事"，成为杭州市精神文明建设的先进典型。

　　截至 2023 年 6 月，杭州地铁已开通运行 12 条线路，全长 516 千米，拥有车站 261 座。自 2020 年以来，杭州市实施了地铁系统无障碍环境提升改造工程，全线站点内部实现无障碍全覆盖，地铁内无障碍卫生间、低位服务设施、盲道、轮椅坡道、无障碍电梯等均实现规范设置；同时，做到了地铁站点出入口与市政道路无障碍设施的有序衔接。

无障碍环境体验
——杭州地铁

　　杭州市地铁集团总结经验，发布了《杭州地铁无障碍设施设计规程》，规程涵盖 70 余项内容，打造了具有杭州特色的地铁无障碍环境建设企业标准；建立了《关于特殊人群使用无障碍轮椅踏板线网联动处置机制》，杭州地铁全网所有车站均配置无障碍轮椅踏板；引入新技术改善乘坐体验，在机场轨道快线 19 号线车厢内配有音频环路助听装置，为听障用户听清播报信息提供友好环境。

6.公　交

早在 2002 年，杭州市就引进了第一批带有无障碍出行设施的公交车。在杭州 4778 辆公交车中，无障碍公交车已有 3000 余辆，分布在 375 条公交线路上运营。无障碍公交车后门处设有坡道装置，打开装置即可拉出斜坡板；车内设置轮椅席位、横向与纵向扶手，并配有安全带以便固定轮椅；车身在前后门处印有"无障碍车辆"蓝色标识。

2020 年 9 月 21 日，在杭州六公园站，杭州市交通局推出"582"公交，其谐音为"我帮您"。杭州"582"公交专线是首条为帮助高位截瘫等残障人群走出家门欣赏杭城美景而专门推出的无障碍公交线路。"582"公交专线采用比较宽敞的 10 米车型，配有车载轮椅导板，拆除了位于车厢正中的部分座位，扩展了动线空间，并安装软棉挡板防止轮椅滑行发生碰撞。每个轮椅座位区域，还设置了专属安全带。

为帮助视障人士，杭州公交在42路公交上首推"盲人乘车引导系统"。该系统主要通过智能芯片来分析公交前车门开关状态，只要公交车前车门打开，就能触发播报专为盲人设置的报站语音"欢迎乘坐开往XX方向的XX路公交车"。截至2022年底，主城区共有16条公交线路采用了该系统，实现了公交车实时报站和重复提醒。

无法设置无障碍坡道的站点，专设了无障碍等候点，轮椅乘客可在此候车，车辆到站时工作人员将提供上车协助服务。

7. 出租车

杭州市高度重视轮椅人士乘坐出租车出行事宜。2022年5月，经杭州市人民政府特批，杭州市交通局投入运营300辆无障碍出租车，市民可通过"礼帽出行"App或"礼帽出行"官方微信小程序预约。

这批英伦风的新能源车，自带斜坡踏板，普通轮椅或婴儿车可轻松进入。乘坐空间为1.6米×1.5米×1.5米，可载乘客6人。车厢内部背对司机的3个座椅呈折叠式，方便轮椅或婴儿车在车厢内转身，老年人、孕妇上车也不必躬腰低头。

8. 客运码头

世界文化遗产京杭大运河不仅承载着南来北往的船只，也滋润着两岸的历史文化传承；钱塘江作为浙江省最大的河流，是浙江的母亲河，是吴越文化的主要发源地之一。

　　为了让市民游客更好地感受京杭大运河和钱塘江韵味，承担运河杭州段综合开发保护和钱塘江水上夜游的杭州运河集团在无障碍环境建设上花了大力气：对运河沿线码头进行了坡道改造；为游客服务中心配备了轮椅；在武林门码头滨水公共空间，增设与景区统一形式的无障碍标识；对运河武林门至运河天地之间的主要码头，钱塘江滨江码头、严子陵码头、建德新安江旅

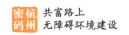

游码头、七里扬帆码头均进行了无障碍设施改造，残障人士可通过设施直达登船点。

各区交通建筑无障碍问题整改情况表（截至 2022 年 5 月）（含汽车站、公交首末站）

城区	整改场所数量/处	轮椅坡道/个	升降平台/个	门/扇	无障碍电梯/台	无障碍卫生间（厕位）/个	无障碍停车位/个	轮椅席位/个	低位服务台/个
上城区	3	16	0	0	5	12	3	0	9
拱墅区	1	0	0	1	0	0	1	0	0
西湖区	2	4	0	1	0	2	2	0	1
滨江区	5	7	0	1	3	4	15	1	8
萧山区	11	14	1	0	4	14	4	0	1
余杭区	12	12	0	12	0	12	0	12	0
临平区	1	1	0	0	0	0	0	0	0
钱塘区	0	0	0	0	0	0	0	0	0
富阳区	9	0	0	0	0	19	0	19	5
临安区	4	4	0	4	1	4	2	4	1
桐庐县	5	7	0	1	3	4	15	1	8
淳安县	3	4	0	0	2	3	4	3	3
建德市	3	10	0	0	0	6	4	0	3

四、 城市公厕

2018 年，杭州市出台了"厕所革命"三年行动计划（2018—2020 年），围绕打造"有手纸，无异味"公厕的目标要求，对全市范围内的公厕按照拉高标杆、补齐短板的要求，加大提升改造力度，使杭州公厕在功能完善、干净整洁、环境舒适、标识统一的基础上，进一步在人性化、科技化、生态化和国际化等方面实现全面提升。

经过"厕所革命"专项提升，截至 2021 年底，杭州市城管局已完成 5584 项公厕无障碍问题整改。截至 2022 年上半年，列入杭州市城管局长效管理的城市公厕共 2348 座，其中有独立第三卫生间（无障碍卫生间）的公共卫生间有 1688 座，占比 71.9%；有无障碍厕位的公共卫生间有 211 个，占比 9.0%，全市城市公厕无障碍卫生间占比近 81.0%。

新建无障碍公厕规范要求：平移门或往外打开的门、卫生间的门宽至少为 0.9 米，以确保轮椅能顺利进入，且进入后有足够的回转空间；坐便器靠墙一侧设置"L"字形扶手，另一侧设置可上翻的水平扶手，在坐便器旁相应的位置设置抽纸盒和紧急呼叫系统；小便器的下沿口进行下移处理，并增设扶手；洗手台盆更改为挂盆，并增加扶手，镜子也进行整体下移，使乘坐轮椅的人也能使用；卫生间内设置挂衣钩；设置可折叠的多功能台，以方便残障人士放置物品或婴幼儿使用。卫生间外，设置无障碍标识牌、无障碍卫生间定位平面示意图、电子显示屏等。

杭州很多无障碍卫生间实现了智能化，如临安区试点探索第三卫生间人机语音交互，带动了亚残运会比赛场馆无障碍卫生间信息交流场景应用。在临安区临东桥公厕，当有人进入时就会听到："您好，您已进入智能语音无障碍卫生间，您可以喊我的名字'小卫管家'唤醒我。"这种装了智能语音提示系统的第三卫生间和无障碍卫生间，专为视障人士准备。运用现代人工智能（AI）语音识别、语音传感技术进行语音引导，方便了视障人士在没有人员的引导下也能快速找到如厕洁具。当如厕人员需紧急救助时，不必寻找紧急按钮，可直接喊："小卫管家，救命（或来人啊）！"报警的同时，卫生间外报警灯与报警音也会响起，以便附近人员及时救援。

无障碍环境体验
——杭州无障碍卫生间

智慧公厕"滞留告警系统"也是一大特色。当发生跌倒不起或晕厥等突发性事件，公厕内的告警按钮开关可能无法被触碰到时，"滞留告警系统"就会启用。

拱墅区在大兜路等地的5座公厕增设了电子导盲系统，视障人士戴上专用手环靠近公厕时，提示器便会自动触发，发出语音提示。

各区城市公厕无障碍问题整改情况表（截至 2022 年 5 月）

城区	整改场所数量/座	轮椅坡道/个	升降平台/个	门/扇	无障碍电梯/台	无障碍卫生间（厕位）/个	无障碍停车位/个	轮椅席位/个	低位服务台/个
上城区	389	281	0	389	0	389	0	0	0
拱墅区	176	52	1	158	0	176	0	0	0
西湖区	253	136	0	239	0	253	0	0	0
滨江区	50	23	0	50	0	50	0	0	0
萧山区	78	39	0	0	0	78	0	0	0
余杭区	168	43	0	33	2	124	0	0	0
临平区	176	150	0	32	0	176	0	0	1
钱塘区	89	46	0	84	0	89	0	0	0

续表

城区	整改场所数量/座	轮椅坡道/个	升降平台/个	门/扇	无障碍电梯/台	无障碍卫生间（厕位）/个	无障碍停车位/个	轮椅席位/个	低位服务台/个
富阳区	48	38	0	0	0	48	0	0	0
临安区	25	25	0	0	0	25	0	0	0
桐庐县	55	33	0	24	0	25（56）	0	0	0
淳安县	35	30	0	20	0	40	0	0	0
建德市	36	17	0	0	0	42	0	0	0

案例 15：城市阳台公厕

城市阳台公厕位于之江路新业路口的钱江新城城市阳台，是上城区打造的无障碍示范公厕，也是上城区 2021 年 10 座公厕无障碍改造民生实事项目

之一。

公厕无障碍提升改造的亮点：外部道路通过一条缓和的坡道连接，坡道两侧设置双层扶手，公厕内无障碍洁具、搁物板、求助铃一应俱全；第三卫生间门口提供盲文版导览平面示意图，小喇叭自动播报厕内各功能设施所在位置；门的底部加装应急观察口，便于突发情况应急处置；无障碍卫生间采用可折叠扶手、微斜的镜面，降低取纸器、求助铃高度，将洁具按钮设置凸起，延长龙头杆件，增设快干烘手器、热水供应等人性化设施；新增生命监测器、烟雾监测器，为老年人、残疾人等带来了更加安全、方便、舒适的如厕体验；增设母婴室，内设儿童座椅、婴儿尿布台等设施。

五、 医疗服务场所

看病就医事关基本的民生福祉，医院的无障碍环境需求最为迫切。以医院为重要突破口，杭州正着力打造有温度的"无障碍诊疗就医"环境。

2021年，杭州市卫健委落实市属各医院无障碍设施改造专项资金879万元，其中设施无障碍投入资金515万元，信息无障碍投入资金332万元，其他类投入资金32万元。通过专项行动，市属医院共计改造完成无障碍卫生间61处，无障碍电梯75台，无障碍轮椅坡道及通道65处，低位服务台52个，无障碍候诊位111个，新增配置无障碍自助机22台，远程手语翻译设备 17 台，开设无障碍停车泊位 80 个……

　　杭州市西溪医院门诊大厅的无障碍服务区，重度弱视患者小易（化名）被志愿者引导至一台 AI 语音交互自助机前进行挂号操作，自助机红外感应窗感应到后发出清澈、温和的语音提示："欢迎使用无障碍挂号服务，您可以对我说'我要挂号'……"

　　这款 AI 语音交互自助机是杭州市西溪医院开展信息交流无障碍建设而打造的一款智慧服务功能应用。同时，医院配备远程手语翻译系统、门诊大厅配置语音咨询机器人、提供带有盲文标识二维码的智能语音病历等。西溪医院还将对 AI 语音交互自助机的功能进行扩展——增加结算、充值、预约挂号等功能，并且实现通过智能设备扫描结算清单末尾的二维码。这样，视障人士便能收听医疗费用结算的全部语音播报功能。

　　杭州市红十字会医院的门诊大厅里，设置了无障碍语音自助设备挂号系统；门诊服务台配备了远程视频手语翻译设备，大厅墙上张贴了醒目的手语翻译二维码，扫一扫就能获得实时手语翻译，为听障患者就诊提供实时沟通便利；在诊间，还能扫码使用无障碍智能语音病历，实现病历"语音播报"。

　　杭州市级医院已经全部配备助盲医疗服务设备，广泛推广使用有读屏功能的自助挂号机、语音电子病历等设备，提高盲人看病效率。

　　区级医院则以临安区为示范。临安区 10 家区级重点医院分类定制"肢体、视力、听力"障碍者 3 套标准化无障碍服务流程。

　　建德市医疗急救指挥调度系统则增设文字报警和一键呼救定位功能，畅通语言、听力障碍群体生命呼救渠道。

　　2022 年 11 月，杭州市卫健委与杭州市无障碍办组成检查验收组，用半个多月的时间，对申报的 12 家市属医院、8 家区（县）医院以及 3 家社区卫生服务中心开展无障碍示范医院创建现场检查验收。2023 年 2 月，杭州市卫健委会同杭州市无障碍办公布了 21 家"杭州市无障碍示范医院"的创建名单。

杭州市第一人民医院

杭州师范大学附属医院（杭州市第二人民医院）

杭州市第三人民医院

杭州市肿瘤医院

杭州市红十字会医院

杭州市西溪医院

杭州市第七人民医院

杭州市中医院

杭州市丁桥医院（杭州市中医院丁桥院区）

杭州市儿童医院

杭州市妇产科医院

杭州市老年病医院（杭州市第一人民医院城北院区）

杭州市余杭区第三人民医院

杭州市临平区第一人民医院

杭州市临平区中医院

杭州市临平区妇幼保健院

杭州市临安区中医院

富阳中医骨伤医院

建德市第一人民医院

杭州市拱墅区大关上塘街道社区卫生服务中心

杭州市钱塘区下沙街道社区卫生服务中心

　　各区、县（市）无障碍办对区属医院、社区卫生服务中心等医疗机构开展新一轮无障碍问题排查整改。截至 2022 年底，全市 13 家市属医院、15 家在杭省属医院，以及区、县（市）属地三甲医院实现无障碍环境建设全覆盖。

各区医疗建筑无障碍问题整改情况表（截至 2022 年 5 月）

城区	整改场所数量/处	轮椅坡道/个	升降平台/只	门/扇	无障碍电梯/台	无障碍卫生间（厕位）/个	无障碍停车位/个	轮椅席位/个	低位服务台/个
上城区	64	57	0	46	22	61	28	1	73
拱墅区	17	48	1	8	18	50	24	0	29
西湖区	16	20	0	6	19	29	20	13	26
滨江区	6	6	0	2	36	18	40	0	12
萧山区	26	25	0	2	25	30	48	10	35
余杭区	30	17	0	4	10	23	18	11	18
临平区	14	24	0	5	14	14	14	14	26
钱塘区	12	6	0	8	10	20	11	10	20
富阳区	19	43	0	0	19	24	40	36	12
临安区	15	15	0	15	17	39	36	30	49
桐庐县	44	50	0	10	10	13	9	15	50
淳安县	10	22	0	5	6	12	7	7	6
建德市	17	8	0	18	5	20	12	10	38

案例 16：杭州师范大学附属医院（杭州市第二人民医院）

杭州师范大学附属医院属于三甲综合性医院，年门急诊量 148 万人次。

杭州师范大学附属医院实施了无障碍提升，共完成 7 个无障碍公共卫生间改造，内装斜面镜、带扶手小便池、带扶手坐便器，采用进口抗菌树脂一体式扶手，承重可超过 100 千克；设置多功能婴儿护理台及多功能儿童座椅，设有盲文导览图、语音播报等；改造低位服务台 5 个、新建低位服务台 2 个；院内规范设置无障碍电梯 6 部，无障碍车位 12 个。

此外，杭州师范大学附属医院还提供了无障碍设施有声在线导航、各服务点在线手语翻译服务、智能语音病历系统（SaaS），门诊服务台提供智能

设备扫码获取文字资料，门诊各就诊等候区配有语音播报功能的叫号显示屏、视觉辅助服务等多项无障碍服务，通过信息化及科技手段大大提升了特需人群就医的便捷度。

杭州师范大学附属医院的无障碍改造获得了多家省、市媒体报道点赞，该院"无障碍卫生间改造工程"在"中国国际福祉博览会"上作为典型案例被交流分享。

案例 17：杭州市临平区妇幼保健院

杭州市临平区妇幼保健医院作为临平区无障碍设施改造示范场所之一，

院内的低位服务台、无障碍通道、无障碍卫生间、无障碍停车位、共享轮椅、无障碍病房等设施均进行了改造；可提供多项无障碍服务，包含特需人员陪诊及快捷就医服务。信息无障碍系统包括在线手语翻译系统、智能电子助视器、文字转语音识别二维码、无障碍卫生间语音提示装置。浙江卫视、杭州日报等多家媒体相继宣传报道。

案例 18：杭州市余杭区第三人民医院

杭州市余杭区第三人民医院院区门口设有蓝牙语音播报桩，门诊、急诊区域就近设有无障碍停车位，无障碍坡道及扶手标准规范，门诊楼入口处的盲文导视地图、综合信息服务亭能实时有效地为残障人士提供导引服务。各诊区、诊间及功能区墙面张贴盲文标识，自助挂号机装有语音挂号操作提示系统。一站式服务中心配有低位咨询、挂号服务台、语音翻译系统及盲人

无障碍环境体验
——余杭区第三人
民医院

"阅读眼镜"。无障碍电梯设有盲文按钮、低位扶手、楼层显示及语音播报系统等功能。化验中心及药房均设有低位服务台。医院配备在线手语翻译系统 1 套、盲人用阅读器 1 套、读屏软件 4 套；配置了无障碍盲文导览系统及无障碍导视系统等设备。

杭州市余杭区第三人民医院已成为杭州市无障碍示范医院，并成功创建了老年友善医疗机构。

案例 19：杭州市滨江区西兴街道社区卫生服务中心

西兴街道社区卫生服务中心是一家集门诊、急诊、住院为一体的综合性医疗机构。

在无障碍设施改造过程中，门诊部 1 至 3 楼各设置了无障碍卫生间，坐

便器、小便器、洗手台均规范安装了扶手和安全抓杆，离坐便器前沿和地面 400～500 毫米的墙面上设置了求助呼叫按钮，安装了多功能台、挂衣钩，洗手台盆正面安装镜子。在门诊部、急诊部、住院部的 3 组电梯中，各设置 1 台无障碍电梯，并安装扶手、镜子、语音报层、盲文、1.1 米以下的低位按钮键；在所有电梯间、导医台、卫生间、相关诊室增添无障碍辅助器具和设备，如轮椅、盲道板、扶手、盲文贴等；在挂号收费窗口，中药、西药取药窗口，导医台，输液室均设置低位服务台，在输液室地面设置了轮椅泊位；在地下车库和地面停车场共设置 6 个无障碍停车泊位；完善了共享轮椅、自助机触摸屏笔及无障碍座位地贴等细节问题；设置了语音提示设备，包括电梯语音提示、卫生间应急呼叫等。

六、 文教娱等公共场所

1. 学　校

无障碍环境建设的理念传播、知识培育，必须从小抓起，从教育抓起。

2021 年底，杭州市属学校无障碍环境问题整改完毕，包括杭州市残联负面清单 268 件问题和各学校（单位）全面自查的 1193 件问题。新开工建设的项目严格按照规范标准进行设计、图审、施工、体验、验收。

无障碍环境体验
——海辰小学

杭州市教育局要求各区、县（市）教育局按照属地管理原则，指导中小学每年开展不少于 1 次无障碍环境建设宣传教育活动。

2023 年 2 月，杭州市教育局牵头，会同杭州市无障碍办现场复核后，将 24 所学校命名为"杭州市无障碍示范学校"。

杭州文汇学校

杭州第四中学

杭州高级中学钱江校区

杭州第九中学

杭州市财经职业学校

杭州市钱学森学校

杭州市健康实验学校

杭州市观成武林小学

杭州市文溪小学

杭州市之江实验中学

杭州市钱江湾小学

杭州江南实验学校

杭州市萧山区市心小学

杭州市萧山区瓜沥镇七彩幼儿园

杭州市余杭区海辰小学

杭州市临平职业高级中学（杭州市临平技工学校）

杭州市高级中学钱塘学校

杭州市钱塘区临江新城实验学校

杭州市富阳区东吴小学

杭州市临安区西林小学

桐庐县子久学校

淳安县千岛湖镇第三小学

淳安县培智学校

建德市实验小学

各区、县（市）无障碍办积极推进属地教育建筑无障碍环境建设。

各区教育建筑无障碍问题整改情况表（截至 2022 年 5 月）

城区	整改场所数量/座	轮椅坡道/个	升降平台/个	门/扇	无障碍电梯/台	无障碍卫生间（厕位）/个	无障碍停车位/个	轮椅席位/个	低位服务台/个
上城区	82	98	0	71	21	106	32	3	46
拱墅区	61	229	6	174	4	175	30	4	4
西湖区	64	96	0	47	14	109	18	6	15
滨江区	54	52	0	10	14	36	89	16	0
萧山区	108	253	0	12	12	123	126	6	6

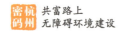
续表

城区	整改场所数量/座	轮椅坡道/个	升降平台/个	门/扇	无障碍电梯/台	无障碍卫生间（厕位）/个	无障碍停车位/个	轮椅席位/个	低位服务台/个
余杭区	18	64	0	11	8	86	74	9	0
临平区	5	5	0	2	0	7	5	0	0
钱塘区	25	47	1	10	25	38	31	0	22
富阳区	10	8	0	0	3	18	23	11	5
临安区	38	38	0	38	13	40	40	7	0
桐庐县	42	65	0	33	13	67	43	26	30
淳安县	11	33	0	20	1	11	11	0	0
建德市	16	26	0	2	2	9	7	3	1

案例 20：杭州市钱学森学校

杭州市钱学森学校于 2021 年竣工投入使用。学校无障碍元素主要包括无障碍出入口、无障碍通道、无障碍电梯、无障碍卫生间、无障碍座席等。

●无障碍出入口：建筑主要出入口均设置平坡入口，有高低落差的所有通道之间均以1：20的缓坡连通。

●无障碍通道：室内走道宽度均大于1.5米；门洞尺寸1100厘米，门扇开启后净宽均大于900厘米。

●无障碍电梯：1楼南北塔楼各设1台无障碍电梯；2楼设置1台无障碍电梯，候梯厅深度大于1.5米。

●无障碍卫生间：各建筑单体首层设置无障碍卫生间，面积大于4平方米，门扇向外开启，洗手盆、小便斗等均设置安全抓杆。无障碍卫生间出入口高差15毫米，以7.5%缓坡过渡。

●无障碍座席：800人报告厅内靠北侧疏散口设置2个无障碍座席，可通过1楼北楼无障碍电梯到达；操场看台座席，二层标高可由教学区无障碍电梯通达。

●无障碍停车位：配建无障碍停车位13个，满足2%的无障碍车位配建指标。车位一侧设1.2米的通道。无障碍车位均设置于地下一层靠近出入口

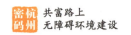
的位置，人防区位于地下二层，人防门槛对无障碍通道无影响。

●无障碍标识：学校从入口到教学楼及负一层均设有无障碍标识。

杭州市钱学森学校倡导"有爱无碍"理念，注重人文环境无障碍培育。2021年12月3日的"国际残疾人日"，杭州市无障碍办联合上城区无障碍办、上城区残联、上城区教育局，在杭州市钱学森学校举行了"无障碍 无障爱"上城区无障碍设施体验活动，该活动通过快手 App 进行了直播。

2. 文博展馆

杭州是一座历史文化悠久的文化名城，在这片丰饶的土地上，从古至今，有着无数的精彩故事：西子湖畔的中国丝绸博物馆，是全国性的丝绸专业博物馆，也是世界上最大的丝绸博物馆；位于西湖景区的中国茶叶博物馆，是我国唯一以茶和茶文化为主题的国家级专题博物馆；在京杭大运河边的"中国刀剪剑博物馆"里，人们可以看到中国传统手工艺向现代化生产转变的历程。

……

一座博物馆就是一部物化的发展史，人们通过文物与历史对话，穿过时空的阻隔，俯瞰历史的风风雨雨。这场与历史的邂逅旅程里，残障人士也享受着独有的浪漫。

在杭州，4家省级博物馆、9家市级博物馆、11家区（县）属地博物馆均实现了无障碍全覆盖。

2021年，在庆祝"建党百年"之际，杭州市无障碍办专题布置"红色阵地"无障碍环境建设工作，推动全市完成260余处"红色阵地"无障碍环境建设，包括属地党群服务中心、党史展览馆、廉政教育基地、革命烈士纪念馆等场所。

杭州市文化广电旅游局（简称杭州市文广旅游局）牵头推动市属图书馆、文化馆、剧院等文化建筑无障碍环境建设，各区、县（市）无障碍办推动属地文化场馆无障碍环境建设。1家省级图书馆、1家市级图书馆和13家区级图书馆均实现无障碍全覆盖。

杭州市园文局牵头对全市文保单位（点）、博物馆（纪念馆）开展全面问题排查，并进行销号整改；对不具备改造条件的对外开放重点文物保护单位，要求配备临时性无障碍设备，并提供相应服务。

各区文化建筑无障碍问题整改情况表（截至 2022 年 5 月）

城区	整改场所数量/处	轮椅坡道/个	升降平台/个	门/扇	无障碍电梯/台	无障碍卫生间（厕位）/个	无障碍停车位/个	轮椅席位/个	低位服务台/个
上城区	10	8	0	5	6	12	8	0	12
拱墅区	30	45	0	18	13	56	23	3	18
西湖区	9	13	0	5	9	31	9	2	9
滨江区	9	13	1	3	26	3	8	11	2
萧山区	5	5	0	2	2	6	89	4	3
余杭区	1	4	0	0	0	0	1	0	0
临平区	2	3	0	2	0	2	0	0	0
钱塘区	2	4	0	3	3	7	4	4	3
富阳区	14	7	0	0	31	30	60	78	85
临安区	6	6	0	6	4	6	9	6	5
桐庐县	13	27	0	14	5	23	15	13	13
淳安县	6	9	0	1	5	5	5	5	4
建德市	10	5	1	4	7	6	9	10	6

案例 21：杭州图书馆

杭州图书馆是国家一级图书馆。走进市民中心图书馆一楼，就能看到醒目的无障碍阅览空间，盲道直通阅览室门口。阅览室里摆放了 1000 多册盲文书。使用率最高的设备是 3 台台式电子助视器，其相当于电子放大镜。此

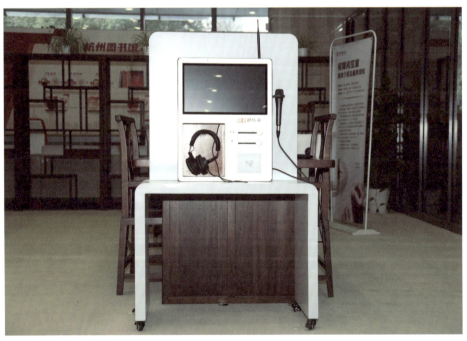

外，还有 2 副便携式智能阅读器，俗称"天使眼"。视障读者戴上"天使眼"，把书平放在眼前，单击眼镜旁的按钮就可拍照并自动进行文字识别，而后自动转化为语音播报。阅览室里还配有视障电脑，读者将读屏软件读出的文字通过盲文显示到点显器上，点显器上的盲文自动凸起，读者通过触觉来感受文字，并进行电脑操作。

无障碍环境体验
——杭州图书馆

阅览室内还设有无障碍朗读亭、耳机、麦克风等，还有可供借阅的 300 多台便携听书机。

案例 22：杭州少年儿童图书馆

杭州少年儿童图书馆坐落在杭州新西湖十景中的"黄龙吐翠"西侧，占地 7.2 亩，建筑面积达 5482 平方米。

这是一座花园式图书馆，前身为浙江省图书馆儿童阅览室，拥有馆藏文献 30 万余册。1 至 4 楼设有低幼读物室、报刊阅览室、玩具天地、电子阅览室、多媒体外借室、过刊室等。2020 年，该图书馆进行了无障碍设施提升改造，新增了供轮椅慢行的无障碍坡道，图书馆正大厅设置了低位服务台。1 至 4 楼均配备无障碍卫生间，并配置了专用的无障碍电梯。

案例 23：建德市图书馆新馆

建德市图书馆新馆位于建德市新安江街道桥东区块江滨公园，由 A、B 两栋楼组成，总面积为 11568 平方米，设计图书总藏量为 50 万册，阅览座位 600 个。

该图书馆无障碍改造项目被纳入 2022 年浙江省民生实事项目。馆内设置了视障阅览区，随着盲道导引，视障人士进入图书馆后可直达视障阅览区。阅览区陈列 700 余册盲人书，配有 2 台电子助视器、2 个无障碍阅读平台、

4台无障碍阅读一体机等
新技术设备。利用无障碍
阅读一体机，就能将书上
的文字转化为语音；无论
是视弱还是色盲，用上电
子助视器后都能进行无障
碍阅读；有了盲文点显器
和读屏软件，就能自主上
网。24寸电子助视器配
备了1300万高清摄像头，

最大放大倍数为70倍，可根据不同的需求变换颜色和放大、移动字体，方
便阅读。

大厅总台设有"手语姐姐"在线手语翻译系统；在馆内主入口有智能引
导机器人；图书检索功能接通杭州市图书馆图书检索系统，可查询杭州市内
图书馆图书在馆及馆藏等信息；互动娱乐功能可提供讲故事、跳舞、唱歌等

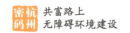
节目功能。

图书馆 B 楼西入口处设有视障阅览区、提示盲道、无障碍卫生间、语音智能提示装置，另设有无障碍停车位、无障碍通道、无障碍电梯等。

案例 24：良渚博物院

良渚——美好的水中之洲，一个名字里就散发着美丽气息的地方，是被誉为"中华文明曙光"的良渚文化发祥地。良渚文化遗址无声地诉说着中华文明五千年伟大历程的开篇故事。

良渚博物院展示了从良渚古城遗址出土的各种精美文物，是良渚文化的浓缩之地，是一座收藏、研究、展示和宣传良渚文化的考古遗址博物馆。

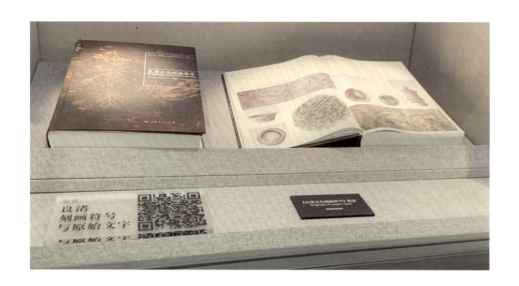

在无障碍建设领域，良渚博物院建立多元化导览服务的构架，推出讲解员、志愿者、自助语音导览机、微信公众号导览等多种服务形式，成为浙江省展示中华优秀传统文化的"重要窗口"。同时，对标国际和国内遗产地双语标识样板，邀请国内专家翻译展厅内部双语标识信息，努力扩大覆盖面，做到语言准确、简练，努力打造联合国教科文组织世界遗产地评估中的"良渚样板"。

无障碍环境体验
——良渚博物院

案例 25：临安区博物馆

临安区博物馆是杭州市首家推出在线手语咨询和全程智能语音导览一体化无障碍服务的博物馆。

2021 年 5 月，临安区博物馆完成了无障碍设施硬件提升改造；2021 年 6 月，完成了信息无障碍提升改造。临安区博物馆完善了无障碍停车位、无障碍卫生间、无障碍电梯、无障碍通道、无障碍导视系统等硬件设施；配备了"手语在线翻译"设备及软件、电子助视器、无障碍卫生间语音提示装置等

无障碍设备；邀请专业手语老师拍摄了手语翻译视频，让展厅的文物会"说话"；利用"5G＋"互联网技术，实现实时在线手语翻译功能，解决聋哑人士沟通交流障碍问题；利用语音导览笔和微信小程序的"硬件＋软件"模式，提供全程导览服务。

无障碍环境体验
——临安博物馆

案例 26：淳安县档案馆

档案是历史的真实记录，这是它的价值所在。淳安县档案馆位于淳安县环湖北路 381 号，淳安县行政服务中心旁。淳安县无障碍办于 2021 年 4 月推动了该馆的无障碍系统性建设，并于 4 月开工建设，12 月底完工，共投资 4 万元。改造后，馆区配备了无障碍停车位、轮椅坡道、无障碍通道、无障碍电梯、低位服务台、轮椅席位、无障碍卫生间、手语翻译及助听系统，具备了无障碍环境的系统性。残障人士能自主完成档案查询服务。

3. 影剧院、会展中心

2020 年 7 月以来，杭州市无障碍办对市、区两级影剧院和会展中心等场所的无障碍环境建设开展了抽查，推动各产权单位落实问题整改。杭州文化广播电视集团（简称市文广集团）牵头，全面完成集团所属剧院等公共服务场所无障碍问题排查和整改。该集团下属的杭州大剧院、红星剧院、东坡大剧院和蜂巢剧场，积极推进无障碍环境建设工作，主要包括剧院出入口坡化、做平处理，盲道、无障碍通道、无障碍楼梯、无障碍电梯、无障碍卫生间及无障碍厕位等的修整改善，剧院服务台、售票处、行李托运台等处的低位服务设施设置等。在属地区无障碍办的协同配合下，实现了"应改尽改、能改全改"。

案例 27：小百花越剧场

小百花越剧场，其标志性的蝴蝶外观给人留下了深刻印象，其内部也完成了无障碍设施提升改造。

2022 年 7 月底，西湖区无障碍办牵头，对小百花越剧场完成了无障碍设施提升。进入一楼大厅，检票口高度从 120 厘米调整到 80 厘米，以方便

坐轮椅的朋友取票。进入负一层，有专门的无障碍席位。剧场内无障碍卫生间、无障碍电梯、无障碍坡道、无障碍停车位应有尽有。在这里，残障人士可以跟健全人士一样观看戏剧、欣赏演出。

案例 28：金沙湖大剧院

金沙湖大剧院位于钱塘区下沙核心地段，以湖水为主体围绕水面优雅伫立，宛如柔软的绸缎沿金沙湖起伏舞动，向公众传达着文化与艺术的意蕴。该项目用地面积 3.2 万平方米，建筑面积 4.3 万平方米，配建有 1400 座剧场和 500 座多功能厅。

金沙湖大剧院从通行空间、功能设施、体验方式等各个方面突出了无障碍的创新理念和策略，处处体现着对出行不便人士的关怀与体贴。建筑底层及室外与各主要出入口形成平坡衔接，保证轮椅能够顺利通过。剧场大厅设

有轮椅租用、换乘区、无障碍座席，观众区、后台区均设置有无障碍电梯、无障碍卫生间及无障碍标识系统，以满足各种类型人群需要。同时考虑到参观、后台慰问等的偶发需要，场内主要人行走廊净宽均满足轮椅回转需要，后台走廊净宽可达 2.5 米以上，满足轮椅回转的同时也满足了身着演出服的演员们的正常通过。

地下一层的金沙湖停车场，设有机动车停车位 1620 个，其中无障碍车位 36 个，同步配套无障碍卫生间 1 个，无障碍电梯 5 部。

案例 29：运河大剧院

位于杭州运河中央公园里的运河大剧院全部按照无障碍标准设计和建设，演出台前部为无障碍升降平台，残障人士可以从观众席直达舞台，演员可以从 4 号门无障碍坡道出入演出台。在演出厅里，三楼设有 4 个无障碍专用席位，一楼第一排全为可改装席位，可以满足残障人士需求。

为了能让残障观众在剧场内无障碍通行，运河大剧院还在一楼大厅及公

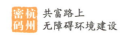
园的 4 个通道上分设了 4 部无障碍电梯。此外，剧场内还设有无障碍卫生间 5 个、无障碍坡道 2 处，杭州运河中央公园内设无障碍卫生间 1 个。

为满足不同的残障群体在公园范围内参观游览需求，确保残障人士在信息交流方面畅通、便捷、高效，拱墅区无障碍办将运河大剧院作为拱墅区信息交流无障碍的示范场所，围绕公园及周边区域，采集汇聚无障碍环境的相关信息形成无障碍地图，并以无障碍地图为基础为不同类型的残障人士提供服务。

轮椅人士：无障碍综合信息服务亭内可查看公园的轮椅通行流线、无障碍设施分布和周边无障碍相关服务信息等，并提供无障碍路线规划和定位导航服务；同时服务亭可与手机扫码联动，轻松同步信息至手机端；搭配轮椅版无障碍出行服务应用程序，可实现轮椅人士提前规划可通行路径，在公园内便捷通行。

无障碍环境体验
——运河大剧院

视障人士：视障人士在公园出入口通过明盲导示地图可初步了解区域内的整体分布、视障通行流线；利用辅助提示装置将视觉信息、位置信息转换为听觉信息，感知周边环境和获取通行指引信息；搭配视障版无障碍出行服务应用程序，结合辅助定位系统，可实现视障人士在公园内沿着语音导航流线自主参观游览。

听障人士：针对听障人士存在的交流问题，公园大剧院的服务台设有在线手语翻译系统，提供畅通的交流服务。

案例 30：桐庐县城市规划展示中心

桐庐县无障碍办组织对桐庐县城市规划展示中心展馆进行了信息交流无障碍改造。

展馆内采用文字、图表、照片、实物、沙盘模型等形式，利用声、光、电、多媒体等现代科技手段，展示了桐庐县城乡建设发展历程。馆内主要展厅入口、转角和卫生间安装智能语音提示器，可为视障人士提供声音指引。构建语音数智盲道，帮助视障人士快速找到目的地，并能清晰地告知卫生间的位置信息及内部设施分布信息，将视觉信息、位置信息转换为听觉、触觉信息。

馆内为聋哑人士配有在线手语翻译系统，以系统平台翻译人员为纽带，打破语言沟通障碍；同时利用语音文字翻译系统，实现文字语音双向转换，提高沟通效率，改善交流体验。

七、 旅游景点

杭州作为世界级旅游城市，不仅坐拥西湖、良渚古城遗址、大运河这三大世界文化遗产，而且还拥有西溪国家湿地公园、千岛湖、径山等40余处4A级以上的景区。进一步优化景区无障碍环境，非常重要，也很有必要。

杭州市文广旅游局会同杭州市无障碍办组织城区无障碍办、文广旅体局、杭州市风景名胜区管委会、杭州市旅游景区协会等加强了对景区无障碍旅游线路建设，精心培育了5条无障碍"一日游"旅游线路。

线路1：展现"西湖风景　南宋风华"主题

香格里拉酒店下客区→岳王庙（游览时间不少于1小时）→船游西湖（游览时间不少于1.5小时）→游花港观鱼（游览时间不少于40分钟）→宋城景区（游览时间不少于2小时）

线路2：展现"数智化　新杭州"主题

梦想小镇互联网村（游览时间不少于1小时）→中国茶叶博物馆（双峰馆区）（游览时间不少于1小时）→西湖环湖游览（游览时间不少于1.5小时）→夜赏《最忆是杭州》（游览时间不少于1.5小时）

线路3：展现"千年运河　非遗传承"主题

中国扇博物馆（游览时间不少于30分钟）→杭州手工艺活态馆（游览时间不少于1小时）→桥西历史文化街区（游览时间不少于30分钟）→运河亚运公园场馆（游览时间不少于1小时）

线路4：展现"文明曙光　世遗良渚"主题

良渚博物院（游览时间不少于1.5小时）→良渚古城遗址公园（游览时间不少于2.5小时）

线路5：展现"潮起钱江　湘湖印象"主题

杭州国际博览中心（游览时间不少于1小时）→杭州奥林匹克体育中心（游览时间不少于1小时）→环湖电瓶车游览湘湖（下孙广场、老虎洞、湖山广场；游览时间不少于1.5小时）→夜赏《湘水长歌》（游览时间不少于1小时）

西湖景区作为世界文化遗产和国家5A级景区，重点突出了旅游景点、博物馆及民生服务窗口的示范引领作用。考虑到西湖景区地形特殊，山体较多，公园游步道台阶多，多处景点位于文物保护范围内，无法按照无障碍标准改造，故通过增加临时移动设施来满足特需人群的需求。对各景区出入口、环湖游览线及公共卫生间开展全覆盖自查，并全部落实整改，完成三潭印月、中国茶叶博物馆、西湖博物馆等 10 处无障碍示范创建；提升改造西湖沿岸 12 处游船码头、2 条大型画舫、环湖电瓶车的无障碍设施。

各区旅游景区无障碍问题整改情况表（截至 2022 年 5 月）

城区	整改场所数量/处	轮椅坡道/个	升降平台/个	门/扇	无障碍电梯/台	无障碍卫生间（厕位）/个	无障碍停车位/个	轮椅席位/个	低位服务台/个
上城区	3	16	0	0	5	12	3	0	9
拱墅区	21	22	1	2	2	18	6	0	1
西湖区	5	3	0	0	1	1	16	4	2
滨江区	36	197	0	5	0	11	29	1	1
萧山区	28	35	0	0	2	29	57	0	1
余杭区	1	3	0	2	0	2	2	0	0
临平区	13	17	0	0	0	13	0	0	0
钱塘区	7	8	0	0	0	7	2	0	0
富阳区	6	27	0	0	3	21	12	13	10
临安区	9	9	0	2	1	9	9	0	1
桐庐县	25	31	0	1	0	23	4	12	7
淳安县	8	30	0	0	0	6	6	0	0
建德市	13	13	0	0	3	12	17	2	0

案例 31：西湖一日游无障碍旅游线路

杭州旅游，最忆是西湖，西湖十景不容错过。西湖十景现为全国重点文物保护单位，主要分布于杭州市西湖景区西湖水域内或周边，由南宋（13 世纪）创始、元明（14—16 世纪）维系和复兴、清代（17—19 世纪）鼎盛的"四

字景目"系列方式组成，是最突出普遍价值的景观经典要素。

无障碍环境体验
——西湖

围绕西湖核心景观规划一条无障碍旅游线路，涵盖西湖十景中三潭印月、花港观鱼、苏堤春晓等著名景点。通过无障碍游船及无障碍电瓶车无缝衔接，形成小环线，同时在旅游线路中推出手语视频讲解和音频讲解，为残障人士提供帮助。

案例 32：湘湖景区

湘湖因风景秀丽被誉为西湖的"姐妹湖"。明末清初，文学家、史学家张岱写道："湘湖如处子，视娅羞涩，犹及见其未嫁时也。"生动地刻画了湘湖的特点，展现了它的美好。

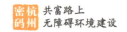
湘湖周边有跨湖桥遗址博物馆、极地海洋公园等，湘湖的游船主码头、观光车站点也设置在此。

景区设置了无障碍卫生间，各类扶手尺寸规范、安装位置正确，安全牢固，并安装语音播报系统；售票窗口设置坡道，停车场设置无障碍停车位。湘湖景区官方公众号"趣湘湖"提供景点手语介绍、景点语音介绍等。

案例 33：良渚古城遗址公园

位于杭州市余杭区的良渚古城遗址公园再现了良渚古城水草丰美、河网密布的水乡泽国风貌。良渚古城遗址是实证中华千年文明史的圣地，良渚古城遗址公园则是体验和感悟"中华五千年文明"的重要场所。

良渚古城遗址公园推出了浙江省首条视障人群的旅游路线，专门为特需人群设置了无障碍导览触摸屏。景区备有语音导览耳机，每到一个景点附近，语音导览耳机就会自动触发讲解功能，中文、英文两个版本的细致讲解，让八方游客都能了解景点的历史和特色。

无障碍环境体验
——良渚古城遗址公园

案例 34：南宋德寿宫遗址博物馆

红墙灰瓦，采一缕千年宋风。在杭州，来德寿宫打卡的人络绎不绝。德寿宫遗址博物馆为什么这么火？

"德寿宫前春昼长，宫中花开宫外香"。流淌着花香月影，吟唱着婉约清雅，南宫北市，半城湖山，这个帝都画风别有韵味。德寿宫遗址，作为南宋皇城遗址的一部分，是城市的珍贵遗存。

南宋文化，是杭州城市性格、民众习俗、文化艺术形成的重要因素，而德寿宫，亦是今人感受杭州、理解杭州这座城市不可或缺的重要支点。人们能够通过德寿宫，感受到杭州这座城市的底蕴。

为了让残障人士能与八百年前的文化生活进行精神对话，德寿宫在无障碍建设领域，从未放慢脚步。

在场馆建造过程中，运用建筑信息模型技术搭建场馆三维模型，在数字化模型中模拟参观者对产生的碰撞点进行施工设计优化。建成后，在望江路南大门设有出入口绿色通道，东侧停车场设无障碍停车位，一层展厅设有无障碍电动升降平台、无障碍卫生间、母婴室、低位服务台、低位饮水机；一层至二层设有无障碍电梯，二层大殿东侧设有柚木坡道。中区、西区与室外通道贯通。同时，展馆内无障碍导向标识清晰、无障碍信息设备齐全，提供语音导览服务，配备无障碍手语讲解员，引入阿里达摩院研发的数字人"小莫"在线手语翻译系统，对展馆展品同步展示手语视频。

无障碍环境体验
——德寿宫

案例 35：小河直街历史文化街区

小河直街历史文化街区位于杭州市北部，地处京杭大运河、小河、余杭塘河三河交汇处。街区真实地反映了清末民初运河沿线原住民傍水而居的生活环境，其建筑特色、街巷风貌、运河航运遗迹仍然保留着独特的风貌。

在大运河桥西景区入口处，游客扫描标识牌上的二维码，就可以进入无障碍导览系统。

景区内有在线手语翻译系统、无障碍地图、无障碍线路导航等。有别于传统的全球定位系统（GPS）定位和语音导览，该景区无障碍地图采用基于蓝牙的室外定位技术和手语视频导览技术，具有较高的定位精准度，满足了听障人士的参观需求。

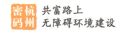
案例 36：奥体博览城沿江观景带

以奥体博览城标志性建筑及钱塘江两岸自然风貌等为主要景观，打造亚运会、亚残运会主会场 17 千米沿江景观带，可实现无障碍观景：汀步板路面改造为连成一体的花岗岩路面；砌筑坡度小于 1∶12 的无障碍坡道，两侧增设上下双层扶手，增设无障碍坡道标识牌。道路交会点地砖替换为标准的提示盲道，盲道交会与斑马线连接处方向也进行了优化。

●滨江区奥体博览城沿江观景带从飞虹路至华家排灌站，整改或增设无障碍坡道、无障碍通道 21 处，改造沿线无障碍卫生间 20 个，实现 13 千米沿江带无障碍观景。

●萧山区奥体博览城沿江观景带从七甲闸至钱江二桥，整改或增设无障碍坡道、无障碍通道 6 处，改造沿线无障碍卫生间 5 个，实现 4 千米沿江带无障碍观景。

●同步打造杭州国际博览中心、钱江世纪公园、你好广场、飞虹路、喜来登酒店等无障碍示范点位。

案例 37：艺尚小镇

临平区艺尚小镇于 2015 年 6 月被列入浙江省首批特色小镇创建名单，规划面积 2.8 平方千米，以文化艺术中心、东湖公园为中心，形成时尚文化、时尚历史、时尚艺术、瑞丽轻奢四大时尚街区。小镇交通区位便捷，城铁、高铁、地铁交会于此，小镇共有旅游资源单体 150 个，涵盖 7 个主类、18 个亚类、47 个基本类型，每年接待游客约 50 万人次。

临平新城艺尚小镇游客服务中心位于艺尚小镇景区核心地段。该处无障碍停车位、轮椅坡道、低位服务台、指示牌、电梯、卫生间、休息区等无障碍设施均按示范场所高标准要求改造，形成了全域无障碍体验空间，并安装了在线手语翻译系统，可在线连接手语老师，将听力残障人士的手语和工作人员的语言分别进行实时翻译，搭建起顺畅、平等沟通的桥梁。

临平区新城艺尚小镇游客服务中心根据《无障碍设计规范》将盲文纳入建筑内部的引导标志系统，清楚地指明无障碍设施的走向及位置，更好地服务残障人士。

案例 38：梦想小镇

梦想小镇位于余杭区仓前街道良睦路。这里历史底蕴深厚，有章太炎故居，生态环境优美。人们称它是一个因梦想诞生的梦幻小岛。不少年轻创业者在这里为梦想打拼，抓住"互联网+"时代机遇而创新创业。"人人需要、人人参与、人人共享"是小镇的特色。

余杭区无障碍办牵头督促梦想小镇进行无障碍环境整改提升，实现道路平顺，场所进出便捷；为残障人士及老年人新增手感触摸、语音解读等个性

无障碍环境体验
——梦想小镇

化服务，畅通无"碍"之路。重新设置标识导视系统，形成小镇无障碍旅游线路，信息清晰明了、路线快捷便利；新增在线手语翻译系统、电子助视器、盲文手册、盲文总平面图、盲文卫生间地图、无障碍卫生间语音播报设备，为特需人群提供个性化服务。

案例 39：黄公望村、东梓关村

黄公望景区位于富阳区东洲街道，由黄公望风情小镇、黄公望纪念馆、黄公望结庐处等景点组成。中国十大传世名画之一《富春山居图》正是黄公望晚年在此隐居时历时七年时间创作而成。东梓关村位于富阳场口镇西部，文化底蕴深厚，因郁达夫同名小说《东梓关》而著名。

借助亚运会、亚残运会契机，富阳区无障碍办牵头对两个景区开展了无障碍环境改造工作，对景区内的游客中心、区间道路、公厕等进行细致排摸

整改，道路坡道及扶手、无障碍卫生间内安全抓杆尺寸规范、安装位置正确。在确保硬件设施达标，便于残疾人、老年人游览的同时，还加入了信息交流无障碍元素，打破残障人士的沟通壁垒，系统性地打造无障碍景区。

案例 40：大径山旅游集散中心

径山坐拥旖旎山水风光和千年禅茶雅境。景区内的大径山旅游集散中心是一座以旅游集散功能为主，融文化交流、展览、休闲、娱乐、餐饮为一体的多功能文化空间。

余杭区无障碍办指导、督促集散中心重新设置了无障碍标识导视系统，清楚地指明无障碍设施的走向及位置，并纳入集散中心内部的引导标志体系；无障碍卫生间内部设置满足无障碍使用要求的洗手盆、多功能台、取纸器、挂衣钩、呼叫按钮、各类安全抓杆；调整无障碍电梯内扶手高度，增加带有盲文的选层按钮，增设无障碍电梯提示盲道；无障碍通道坡度及扶手规

范设置，扶手保持连贯，扶手起始位置设盲文标识；无障碍停车位保证通行方便、行走距离短，且地面平整、防滑、不积水。

案例 41：下姜村

下姜村，位于浙江省淳安县枫树岭镇。2021 年，下姜村作为乡村振兴典型代表，被浙江省委、省政府命名为第十二批省级爱国主义教育基地，由贫困村变为美丽乡村，生动演绎了"绿水青山就是金山银山"的实践篇章，吸引众多游客前来参观学习，年接待游客量达 70 余万人次。

但下姜村在建设发展中几乎没有考虑到残障人士的需求。狭窄的街道、高高的台阶和缺乏无障碍设施的建筑物让行动不便的人陷入孤立之中。根据杭州市无障碍办积极推进无障碍设施进乡村的要求，淳安县无障碍办选择下姜村作为典型示范。2021 年 9 月，淳安县无障碍办通过前期勘查，与下姜村村委及属地枫树岭镇人民政府对接沟通，经过几次修改最终完成了改造设

计方案。在施工过程中，严格按照无障碍设施规范标准进行建设，经过半个月紧张有序地施工，完成了改造建设工作。在村口旅游咨询处增设了低位服务台，并配备了在线手语翻译系统、助听器等信息交流无障碍设备。在展馆前改造了坡道，并对三座公厕进行改造，其中对一座公厕内的第三卫生间无

障碍设施进行彻底改建，另两座卫生间增设了无障碍厕位、盲文地图，同时设置了无障碍停车位等。

　　如今，当您踏上下姜村的土地时，会被这里缤纷多彩的花草吸引，同时也能感受到无障碍环境建设带来的温暖和方便。村头旅游咨询

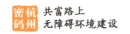

处设置了无障碍服务台；村庄中已经没有不可逾越的高台阶，取而代之的是融入景观的无障碍斜坡。从街道上散发出来的快乐气息，彰显了政府对特需群体的关心关爱。

八、 商业公共服务场所

商业公共服务场所经营者一般是民营主体或股份制企业，在推进无障碍环境建设过程时，协调难度大，特别是各类服务网点分布散、规模小，很多为民房改建租赁的老式建筑，整改条件差。针对市直企业，由其主管部门负责督促落实；针对属地各相关经营网点，由区无障碍办负责督促。

各区商业建筑无障碍问题整改情况表（截至 2022 年 5 月）

城区	整改场所数量/处	轮椅坡道/个	升降平台/个	门/扇	无障碍电梯/台	无障碍卫生间（厕位）/个	无障碍客房/间	无障碍停车位/个	轮椅席位/个	低位服务台/个
上城区	203	353	3	132	196	356	112	124	1	232
拱墅区	131	166	6	66	58	117	1	98	5	44
西湖区	69	41	0	10	18	40	17	46	22	44
滨江区	51	24	1	11	14	21	8	31	6	56
萧山区	161	94	1	8	39	55	15	213	79	57
余杭区	3	1	0	0	2	2	1	2	0	1
临平区	17	17	0	0	15	16	7	17	2	26
钱塘区	9	9	0	4	6	9	2	15	0	9
富阳区	170	106	0	0	388	541	3	233	299	314

城区	整改场所数量/处	轮椅坡道/个	升降平台/个	门/扇	无障碍电梯/台	无障碍卫生间（厕位）/个	无障碍客房/间	无障碍停车位/个	轮椅席位/个	低位服务台/个
临安区	33	33	0	33	21	19	10	46	15	30
桐庐县	37	30	1	8	6	15	5	25	12	20
淳安县	18	18	2	0	7	7	4	12	18	15
建德市	52	51	0	17	17	22	4	39	11	43
合计	954	943	14	289	787	1220	184	901	470	891

1. 商业特色街区

杭州市商务局牵头，属地城区负责，督促责任主体落实问题整改，并开展整改后验收工作。结合杭州市商业网点"十四五"规划，各区、县（市）对重要商业场所的无障碍环境建设进行一对一的指导跟踪。经过不懈努力，湖滨步行街、滨江星光大道、滨江龙湖天街、滨江宝龙城、古墩路印象城、杭州国际博览中心、解百新元华、富阳百货大楼等一批商业场所成为无障碍环境建设的标杆场所。

例 42：湖滨步行街

湖滨步行街无障碍环境建设，入选 2022 年全国无障碍环境建设优秀典型案例。

湖滨步行街呈"千"字形，北至庆春路、南至解百新元华，曾被称为"中国最美步行街"、杭州"城市客厅"，年均客流量达 4000 万人次。

在推进无障碍设施改造时，湖滨步行街完成了数百项人性化微改造，用上了智能升降桩、通行感应设备、智能电子盲道系统等。

当定制摄像头自动识别到用户的轮椅时，智能升降桩就会自动降下，升

降时间可自主设置；升降桩附近还增设了感应线圈，升降桩升起前会有语音提示以及彩光提示，提醒用户注意。

无障碍环境体验
——湖滨步行街

　　进入街区，随处可见坡地化，约1500个商铺入口实现了无障碍坡地化进入，轮椅、童车无障碍可达。对于无法进行坡地化设计的场所，通过无障碍坡道和三面缘石坡道，解决无障碍流线问题。

　　与绿植盆栽结合的无障碍座椅——四季座椅，可供游客休息；在路旁智慧灯杆上，设置了二级标识导视提示牌，为无障碍服务设施方位与方向提供指示。

案例43：武林商圈

　　武林商圈，位于杭州市拱墅区，一直是杭州最繁华的核心商圈之一。被杭州大厦、武林银泰、国大城市广场等几座商场环绕，也是市民游客"扎堆"之处。

　　杭州天水街道引进的信息无障碍综合服务系统是全省首套信息无障碍综合服务系统，两个综合信息服务亭位于杭州大厦、国大城市广场门口，户外语音播报桩共有 11 处，分布在武林银泰、杭州大厦、国大城市广场、武林广场等人流密集场所及戒坛寺巷社区各交叉路口。

　　通过扫描综合信息服务亭左上方的二维码即可实现语音播报、出行雷达、路线规划、设施搜寻等系统功能，向使用者播报周边店铺、道路等信息，便于使用者对环境进行有效感知。

　　打开导航系统，界面上就会跳出轮椅版和视障版导览图以供选择，如选择轮椅版，接下来导览路线便会优先引导至周边直梯。"左侧通往武林路，右侧过斑马线可通往国大城市广场"，语音播报桩与视障人士手机中安装的无障碍地图软件实现蓝牙感应，实时播报，提醒视障人士周围商圈位置与大致通行路线。

2.大型商超

区、县（市）无障碍办督促属地商务主管部门负责落实本区域大型商超、购物中心等建筑和场所的无障碍环境建设和管理工作。杭州市无障碍办对相关场所开展抽查。

案例44：银泰百货萧山店

银泰百货萧山店是 2021 年新建项目。在施工建造时，便将无障碍环境建设融入整体工程中。商场的每个出入口做到平整防滑、无高差。

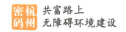
在商场的服务中心，将低位服务台融入总服务台中，商场内共设置9个无障碍卫生间，商场10号、商场17号、金街1号、金街3号、塔楼电梯均为无障碍电梯。商场6楼至楼顶金街，设置2处无障碍坡道，在地下停车场靠近无障碍电梯及其他通行便利处共设40个无障碍停车位，方便坐轮椅、推婴儿车等人士停车通行。

在百货店内，处处可见无障碍标识，无障碍卫生间、无障碍电梯标识明显且指向清晰，又融入商场本身的指引标识中，既方便又美观。

无障碍环境体验
——浙江世贸君澜
大饭店

3.宾馆酒店

杭州市文广旅游局推动宾馆酒店无障碍问题整改。在各区、县（市）无障碍办、文旅部门的共同努力下，累计对78家亚运接待酒店开展了无障碍环境建设专项整改，累计整改无障碍问题1810余项。

案例45：中豪国际大酒店

地处庆春商圈内的中豪国际大酒店，是亚运会、亚残运会官方指定接待酒店。作为主城区的一家老酒店，在无障碍提升改造中，中豪国际大酒店进行了很大改动。

●增设无障碍升降梯。酒店西侧大门和一楼大厅各增设1台无障碍升降机，可容纳轮椅车出入。

●大厅一楼增设独立的无障碍卫生间，卫生间出入口有效宽度达80厘米以上，安装防滑拱形扶手、紧急呼叫按钮、多功能台、坐便器、小便池等，洗脸池旁分别安装扶手；在1.2米处安装挂钩，40～50厘米处安装取纸器；空间宽敞，轮椅人士可灵活转身。

●更换3部电梯，专设1部无障碍电梯，电梯内部加入按钮盲文标识、地面盲道贴等细节，增设低位按钮，电梯四壁全部使用镜面材质，三面内壁

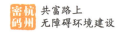
安装低位扶手。

●改造 2 间无障碍客房，具体包括无障碍客房标识、闪光门铃，房间和浴室各配置 1 套紧急呼叫按钮、1 张高度 45 厘米的低位床；配备 1.2 米高的晾衣架、毛巾挂钩，1 张低位书桌；卫生间内淋浴、面盆、坐便器各安装 1 套扶手，1 把浴室座椅。

●一楼总台配置低位服务台，配置专用 iPad 提供无障碍服务，有屏幕朗读、文本转语音功能等。同时酒店配备智慧入住系统（数字 HOS），全天候为宾客提供线上入住办理通道，实现零秒入住。客人通过小程序事先在手机上办理住宿手续，到店后通过人脸识别直接入住或到总台直接领取房卡上楼，减少办理入住等候时间。

案例 46：杭州奥城凯豪大酒店

杭州奥城凯豪大酒店位于萧山区钱江世纪城，是 2022 年杭州亚运会、

亚残运会官方指定接待酒店。该酒店通过无障碍改造，实现了酒店通行流线无障碍、服务无障碍。在大堂设置了无障碍服务台，在大堂的公共卫生间设置了无障碍厕位，配置了无障碍电梯，在地下停车场方便通行的位置设置了无障碍停车位，并制作了相应的指示牌。

　　酒店还特意改造了2间客房作为无障碍客房，进门处设置了低位的人脸识别、低位猫眼，房间内有足够大的轮椅回转空间，床的高度为45厘米，床头和卫生间设置了紧急呼叫按钮。同时，客房卫生间、淋浴间加装了安全扶手、低位置物架、低位淋浴龙头，方便肢残人士使用。房间增加了闪光门铃，空调开关面板增加遥控功能，便于操作。

4. 金融、邮政网点

杭州市地方金融监管局协调各银行机构完成了870余项无障碍问题整

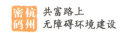
改。中国农业银行建德支行、中信银行滨江支行、中国建设银行萧山支行等引领示范。

杭州市经济和信息化局牵头协调电信运营企业大楼设施和营业场所完成190余项无障碍设施建设。营业厅内除了标准化的无障碍设施外，还设立了爱心驿站服务专区，提供热水、应急药品、移动充电设备等便民服务。

杭州市邮政管理局督促杭州市邮政公司细化、落实无障碍设施建设工作职责。涉及杭州市残联排查的103项整改问题清单，除网点物理条件限制、迁址、管辖部门（街道、景区）统一安装等原因销号22项外，剩余需要整改的81项全部整改到位。累计投入资金28万元，涉及邮政营业网点87个。

案例47：中国建设银行杭州萧山支行

中国建设银行杭州萧山支行从停车进门办理业务到结束业务办理，全流

程实现无障碍服务，配齐无障碍服务设施。定期开展手语培训，专门增设在线手语翻译系统，配备电子助视器、盲文业务指南、助盲卡、信息交流板、放大镜、残疾人轮椅、拐杖、爱心座椅等，从设施配置上确保无障碍服务细致周到。

停车场设置两个无障碍停车位且指示明显；营业部及自助银行门口设置无障碍坡道，方便轮椅客户进出；24小时自助银行服务区专设无障碍服务区域，该区域在防护舱按钮、报警按钮均设置高低两处，防护舱舱门大小、自助存取款机高度均进行定制化施工，方便轮椅客户使用；大堂设置无障碍等候区方便轮椅客户休息等候；服务台设置专门低位服务台，方便轮椅客户填单；现金柜台与非现金柜台均专设有足够容膝空间的无障碍服务台，为残障人士办理业务提供方便与保障。无障碍卫生间供有需要的客户使用。

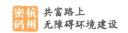

5.农贸市场、燃气、水务等服务网点

各地商务主管部门负责督促落实本区域农贸市场等建筑和场所的无障碍环境建设和管理工作。

杭州市城管局督促燃气集团做好服务网点无障碍环境改造。杭燃优家客户中心天目山路旗舰店、杭燃优家滨江客户服务中心、云栖小镇（转塘）综合服务厅、艮山东路营业厅、城投综合服务中心朝晖厅等燃气服务网点均完成无障碍改造。

杭州市城管局督促水务集团做好水务服务网点无障碍环境改造。2021年9月底，水务集团所属城站厅、三墩厅已完成无障碍问题改造。

案例 48：前进农贸市场

钱塘区前进农贸市场于 2019 年 6 月建成并投入使用，总面积达 8252 平

方米，为地上二层、地下一层的三层建筑。在投入使用后，进一步完善无障碍环境。在出入口按规范设置了轮椅坡道和扶手；大厅内新增低位服务台；新增 2 个无障碍停车位；特别实施了无障碍电梯改造，让残障人士能够顺利抵达农贸市场每个角落；在无障碍卫生间加装了语音呼叫系统、盲文地图等；在菜市场还安装了"无障碍信息交互系统"，为听障人士提供在线手语翻译服务，解决沟通障碍问题。

九、居住小区与家庭

杭州市住房保障和房产管理局将无障碍环境建设做到"四个纳入"。

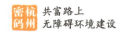
1. 纳入危房改造

督促指导各区、县（市）在城镇危房拆除重建项目中落实无障碍提升改造内容。

2. 纳入加装电梯

做好既有住宅加装电梯与无障碍设施改造的结合，如在滨江区缤纷小区 15 幢 1 单元、拱墅区荣华里 5 幢 2 单元等加梯项目中，打造"无障碍设施改造 + 电梯加装"样本，为老年人和残疾人出行提供方便。

制订《关于贯彻落实〈杭州市老旧小区住宅加装电梯管理办法〉的实施意见》，明确各地政府将无障碍设施改造统筹纳入本辖区老旧小区住宅加装电梯改造计划。

对有老年人、残疾人居住的住宅，宜结合加装电梯项目增设必要的坡道、扶手、语音播报等无障碍设施。

3. 纳入"美好家园"建设

在"美好家园"建设标准中，增加"无障碍设施提升改造"内容，鼓励创建小区将此作为重点整改提升任务并给予相应加分。

4. 纳入物业项目考核

指导、督促物业服务企业落实物管小区内无障碍设施日常维护管理责任，并纳入对物业管理项目的检查考核。

杭州市残联按照"政府主导、部门协同、镇街申报、社区创建、社会支持"的原则，积极推进省级无障碍社区民生实事项目创建工作，2021 年推出 25 个社区成功参与创建，2022 年完成 19 个社区参与创建，累计创建 100 个省级无障碍社区，质效位列全省第一。

规范提升"星级残疾人之家"和"残疾儿童康复机构"，同步列入省、市民生实事项目；并按照"一户一表"精准施工，累计完成 1000 户困难残疾人家庭无障碍改造。

各区居住小区无障碍问题整改情况表（截至 2022 年 5 月）

城区	整改场所数量/处	轮椅坡道/个	升降平台/个	门/扇	无障碍电梯/台	无障碍卫生间（厕位）/个	无障碍停车位/个	轮椅席位/个	低位服务台/个
上城区	31	153	1	15	23	33	46	18	34
拱墅区	23	14	0	0	0	1	0	200	0
西湖区	3	12	1	0	1	2	3	2	3
滨江区	28	10	1	0	0	10	24	0	24
萧山区	7	3	0	0	1	3	4	0	6
余杭区	25	59	0	108	8	17	24	13	9
临平区	8	8	0	0	0	0	0	0	0
钱塘区	8	87	2	6	0	13	22	13	11
富阳区	35	149	0	0	0	0	342	0	0
临安区	4	50	0	14	0	3	5	4	4
桐庐县	1	2	0	0	0	0	8	0	0
淳安县	1	12	0	12	0	2	14	0	0
建德市	174	559	5	143	45	84	492	252	99

案例 49：文新街道阳光社区

西湖区文新街道阳光社区成立于 2014 年 3 月，由阳光地带、紫林公寓、嘉南公寓、高教新村、华苑公寓 5 个小区组成，辖区面积 0.21 平方千米，总住户 2472 户，总人口 9000 余人，持证残疾人 45 人，老年人 828 人。

2021 年，文新街道阳光社区作为西湖区第四批创建省级无障碍社区的单位，积极打造家门口的"幸福家园"，借助社区民生综合体的建设，经过

近6个月的努力，相继建立为残疾人和老年人"贴心服务"的社区公共服务站、阳光小广场、阳光新书房、老年食堂、孝心车位、无障碍车位，无障碍创建工作取得明显成效。

文新街道阳光社区主打的养老服务中心，面积1500平方米，设有养老院、日照中心和中医门诊三大功能区，为杭州市五星级养老服务照料中心。该中心致力于提供医养一体化养老和辅具租赁等服务，还可提供门诊、理疗、配药等医疗服务；重点增设了无障碍卫生间，成人坐便器采用侧开关式，两侧配置了防滑、抗菌、抗病毒扶手，在坐便器旁加装了紧急呼叫器；小便池扶手设计为椭圆形，易握，手感舒服，镜子采用的是一体式防爆斜面镜，四周圆弧无棱角，并带除雾功能。

阳光新食堂面积 200 多平方米，设有 60 个堂食座位，为残疾人、老年人等特需群体提供优惠，受到辖区居民的热烈欢迎。

文新街道阳光社区还引进专业社会组织，为辖区残障、高龄"空巢"等群体提供心理慰藉服务，对特需家庭开展心理疏导、结对走访、户外联谊等多种服务。

案例 50：红梅社区

红梅社区东邻三里亭路，西至尧典桥路，南接顾家畈路，北接池塘庙路，占地面积 15.8 万平方米，总建筑面积 14.7 万平方米。该社区有房屋 71 幢，其中居民住宅楼 61 幢 130 个单元，有住户 2608 户，常住人口 4900 余人，大部分为 20 世纪 90 年代从城站火车站回迁安置居民。

红梅社区人员结构复杂，残疾人较多，在册 149 人，残疾、独居、空巢、

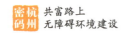
孤寡老人 824 人，无障碍服务成为社区的主要工作之一。

红梅社区紧抓老旧小区改造契机，以保障残疾人、老年人、儿童等安全通行和生活便利为目标，提升改造盲道 1800 余米，安装楼道设施、无障碍坡道、室外轮椅休息位、无障碍停车位、无障碍卫生间等，帮助 7 户残疾人家庭入户改造。建设无障碍服务窗口 3 处，打造 300 米樱花、梅花交相呼应的红梅特色文化街区，改建慢行健身步道 1 条。

对沿街两侧商铺、银行网点、闸弄口卫生服务中心、紫荆花幼儿园、优佳教育、小区垃圾房等各类公共场所中的扶手、无障碍坡道、无障碍车位等设施进行集中改造，建设集社区食堂、便民超市、家政服务、社区书房、日间照料、医疗康复、健身文体等于一体的社区邻里综合服务体，使社区弱势群体更能享受集约化、便捷化的服务。

提升改建 50 平方米社区"邻里坊"，打造集红色文化、教育培训、矛盾调解、便民服务四大功能为一体的便民驿站，营造和谐幸福、守望互助的助老、助残氛围。

案例 51：知行社区

钱塘区知行社区是一个年轻的社区，成立于 2019 年 10 月，现有常住人口 5820 人，其中残疾人 20 人、70 岁以上老年人 535 人。

知行社区地处河庄街道核心区，紧邻地铁 8 号线河庄站，拥有完善的文体设施。街道投资 1.2 亿元的文体中心坐落在社区中心，是居民学习、健身、休闲、娱乐的主要场所。

知行社区以第四批"省级无障碍社区"创建为契机，将无障碍环境建设理念与发展规划无缝衔接，围绕建设"幸福知行"，用党建引领让居民聚心、便民服务让居民省心、人文环境让居民舒心、文体活动让居民开心等理念，全方面展开无障碍环境建设。

知行社区结合无障碍社区创建，对中心的三大场馆进行无障碍改造，建

成了全市首个无障碍游泳池；对电梯、进出通道、淋浴区、消毒区等区域进行无障碍改造，配合辅助下水设备，让重度残障人士实现下水游泳的愿望。无障碍游泳池已多次承办市、区残联组织的无障碍专场游泳活动。

知行社区建成了钱塘区首个跆拳道训练基地，保障市残疾人跆拳道队的日常训练任务。为篮球馆新增无障碍升降设备、设置无障碍观看席，让轮椅人士可以通过辅助设备现场观看比赛，也可以通过地面无障碍通道进入篮球场内部，参与残疾人体育赛事。

知行社区对文教馆区域所有电梯和卫生间进行了无障碍改造。图书馆新增低位服务台，设置轮椅专用阅读区域；增设盲文书、读屏软件，打造盲人图书角，让视障朋友畅享阅读乐趣。

知行社区还安装了在线手语翻译系统，听障人士可以一对一办理业务。

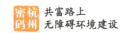
十、　养老福利机构

杭州市民政局完成了 8 家直属单位 125 项无障碍问题排查整改，加增 10 余部无障碍电梯，完善无障碍标识系统。

杭州市第二社会福利院翻新改造康复楼 56 间客房，优化调整房间布局，满足居室内无障碍需要。对每个房间门槛石进行打磨，降低房间内外高差坡度，满足无障碍通道的设置。又翻新维修养怡楼大门前室外无障碍扶手。

杭州市社会福利中心：结合认知障碍照护专区改建项目，对 5 号楼、6 号楼、塔楼及附属连廊进行无障碍改建，改造面积约 2692 平方米，内容包括无障碍出入口、轮椅坡道、通道、扶手、浴室、卫生间、室内活动空间等。

杭州市儿童福利院：完成 8 号楼、11 号楼及室外连廊残障人士坡道改建。

杭州市殡仪馆：全面完成馆区 11 大类 61 小项无障碍设施改造，涵盖无障碍标识、无障碍坡道、业务大厅低位服务台、无障碍公共卫生间等。

南山陵园：在业务大厅、南陵路公共卫生间提升改造工程中，严格配建无障碍设施；对无障碍设施缺失、损坏、设置不规范、占用等问题进行专项整治；对园区 4 处主要路口无障碍标识牌进行更换，对 2 处路口无障碍坡道进行改造。

杭州市第一社会福利院项目严格新建项目无障碍质量管控，严格落实建筑群和周边环境无障碍建设要求，获得中国残联和浙江省民政厅领导的充分肯定。

案例 52：杭州市第三社会福利院

杭州市第三社会福利院紧抓建设智慧养老院契机，提升无障碍建设能力，共改造近 100 处无障碍设施。其中，配置 5 台 LED 显示屏，改造 10 个洗手台盆，安装 25 幢大楼入口处扶手，改造 48 个卫生间门槛石，安装 260 米室内通道扶手等。

十一、 体育健身公共服务场所

杭州市体育局对各场馆进行了无障碍改造，涉及最多的是无障碍标识系统、无障碍通道、无障碍卫生间、低位服务设施、无障碍门、无障碍电梯等6个方面。共完成市属场馆无障碍问题排查整改449项，包括杭州市陈经纶体育学校78项、杭州市射击射箭自行车项目管理中心58项、杭州市水上运动中心23项、杭州市足球运动管理中心63项、杭州市体育事业发展中心以及下属各场馆211项、杭州市体育彩票管理中心16项。

无障碍环境体验——拱墅运河体育场

　　杭州市大关游泳健身中心无障碍电梯加装项目是杭州市体育局系统无障碍环境建设改造问题中的难点，更是亮点。

　　杭州全民健身中心累计投入约 190 万元，创建为无障碍示范体育场馆。

　　杭州体育馆作为亚残运会硬地滚球比赛场馆，改造完成后，拥有无障碍独立卫生间、厕位、淋浴间、座席、低位服务设施、停车位等无障碍设施，满足亚残运会比赛需求。

　　杭州市体育彩票管理中心兑奖大厅发挥与建设银行场地共用的优势，配备手语翻译设备，工作时间全时段提供"手语姐姐"实时线上翻译兑奖业务；兑奖大厅配备了助视器，提供扫码获取语音资料。

各区体育建筑无障碍问题整改情况表（截至 2022 年 5 月）

城区	整改场所数量/处	轮椅坡道/个	升降平台/个	门/扇	无障碍电梯/台	无障碍卫生间（厕位）/个	无障碍停车位/个	轮椅席位/个	低位服务台/个
上城区	26	22	0	14	0	48	7	0	3
拱墅区	2	2	0	0	0	2	2	0	0
西湖区	4	5	8	0	5	5	2	7	3
滨江区	2	199	0	46	36	156	10	254	1
萧山区	11	9	1	1	21	64	105	80	9
余杭区	89	28	0	3	3	69	15	8	2
临平区	3	8	3	2	3	17	0	0	0
钱塘区	0	5	1	25	4	8	8	8	0
富阳区	6	9	0	0	16	8	0	9	6
临安区	3	4	0	3	4	16	9	15	1
桐庐县	4	5	0	4	1	5	0	2	0
淳安县	1	0	0	0	0	0	0	0	0
建德市	2	2	0	1	0	0	2	0	0

十二、　亚（残）运会场馆、亚运村

杭州亚运会、亚残运会比赛场馆无障碍环境建设是重中之重，由亚组委场馆建设部牵头负责。

2020年末至2021年3月，着重完成场馆无障碍专项设计审查；自2021年4月起，对各亚残运会场馆进行现场督导；2022年在场馆土建工程竣工后，开展赛事功能综合验收，将无障碍专项设计文件列入赛事功能验收资料清单；2023年2月，会同浙江省残联、杭州市残联以及杭州市无障碍办等组成专项小组，对19个亚残运会场馆、27个亚运会场馆开展实地体验活动。

2023年3月后，重点做好亚残运会期间竞赛场馆的无障碍设施转换、维护等工作。

案例53：杭州奥体中心主体育场

位于滨江区的杭州奥体中心主体育场和杭州奥体中心网球中心被市民亲切地称为"大小莲花"，这里将举办2022年杭州亚运会、亚残运会的开、闭幕式，亚运会田径比赛与亚残运会轮椅网球等比赛。

"大小莲花"的无障

设施堪称杭州亚运场馆无障碍设计的标杆。完成对杭州奥体中心主体育场36个无障碍卫生间、108个无障碍厕位的改造，在每个无障碍卫生间安装了中、英文语音引导系统，帮助视觉障碍者快速找到设施位置；更换了98个坐便器、近600个扶手及抓杆；优化了35台无障碍电梯、5部无障碍楼梯与3处无障碍坡道。例如，原38处坐便器后侧材料为抗倍特隔板，水平抓杆无法固定在板上，施工团队特意研制了304不锈钢立柱来固定安装上旋式水平抓杆，方便轮椅进出，节约了因调整洁具位置而产生的土建改造成本。在独立无障碍卫生间里，一旦有人进门，就会响起语音提示；以往坐在轮椅上可能够不着的电梯选层按钮，也都被调整到了触手可及的高度。不仅如此，考虑到残障人士行动不便，这些无障碍卫生间大多离轮椅席位不远。

案例 54：黄龙体育中心

黄龙体育中心改造提升用时3年，投入10亿元，涉及的无障碍环境建

设主要包括座席、卫生间、通道、公共区域、停车位等各类设施，实现了华丽转身。

座席无障碍：亚残运会期间，主席台拟设置成无障碍主席台（约24席），贵宾通过二层的坡道到达；体育场西区6间包厢供残障运动员使用，东区28间包厢供残障观众使用，共34间包厢，102席无障碍座位。

卫生间：在观众区、贵宾区、运动员区、技术官员区、媒体区均设置有无障碍卫生间或无障碍厕位，增设第三卫生间和母婴室共12处。

无障碍环境体验
——黄龙体育中心

通道：园区内部的人行通道及广场保持平整，与车行道有高差时，以坡道过渡；主要出入口均改为无障碍出入口；建筑内部的通道净宽按规范要求的不少于1.2米进行改造。

公共区域：建筑内增设无障碍电梯，体育场大台阶增设无障碍升降平台；无障碍设施处设有无障碍标志；建筑内主要出入口、无障碍电梯、无障碍楼梯处设有盲道。

停车位：体育场外环道及东广场均设置无障碍停车位。

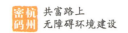

信息交流：融合智慧场馆和景观风貌建设，全方位提升无障碍参赛、观赛体验，如无障碍卫生间内的救助呼叫按钮与黄龙智慧大脑互联互通。

案例 55：萧山体育中心

萧山体育中心是 2022 年杭州亚运会、亚残运会的重要比赛场馆之一。在项目改建过程中，不断完善无障碍要素，打造安全、规范、通畅、舒适的无障碍环境。

无障碍环境体验
——萧山体育中心

无障碍停车：地下停车场无障碍指示清晰，根据停车场规模按比例设置了 12 个无障碍车位。从地下车库可通过无障碍电梯到达一楼。

无障碍卫生间：体育场内设置了 9 间无障碍卫生间，体育馆内设置了 11 间无障碍卫生间，每个无障碍卫生间内设置了盲文示意图或语音提示。

无障碍席位：看台、疏散口、通道等位置，分别设置了 24 个轮椅席位，席位前方设置了挡坎，看台通往无障碍轮椅席位的坡道处增设警示条。

无障碍升降平台：体育场北侧观众入口处和体育场一楼西大厅，各设置 1 个无障碍升降平台，便于轮椅通行。

案例 56：临平体育中心及盲人门球馆

临平体育中心位于临平区南苑街道，人民大道以南、东湖路以东。临平体育中心承办亚运会空手道、排球、足球及亚残运会坐式排球等比赛项目。场馆内设置了无障碍卫生间及盲文导览图，并在全场馆无障碍卫生间配置了智能马桶。此外，通往二楼的观众席设有无障碍电梯，电梯配置了三边扶手、低位操控按钮。临平体育中心共改造升级了 6 处盲道和轮椅坡道、3 台无障碍电梯、3 个无障碍升降平台、7 个无障碍卫生间、28 个轮椅席位及陪护座席，以及多个无障碍机动车停车位、无障碍标识系统等。

位于杭州塘栖的盲人门球馆，是中国盲人门球训练基地比赛场馆，其在设计之初就充分考虑了视障运动员的需求。从场馆门厅开始，通往每一个功能用房（休息室、医疗室等）及比赛场地的路面上都设置了盲道；门上安装了可自动感应的语音提示播报器，提醒运动员已进入某区域。另外，场馆还

为视障运动员的导盲犬设置了休息区，致力于提供优质的无障碍参赛和观赛服务。

案例 57：杭州运河亚运公园

作为 2022 年杭州亚运会 53 个竞技场馆之一，杭州运河亚运公园是唯一配备"一馆一场"的体育公园。公园内的乒乓球馆、曲棍球场作为亚残运会轮椅乒乓球项目、五人制盲人足球项目比赛场馆。场馆内共设置无障碍楼梯5 处、无障碍坡道 5 处、无障碍座席及陪护区 4 处、无障碍电梯 17 台、低

位服务设施 3 处、无障碍独立卫生间 9 个、无障碍厕位 8 个、无障碍淋浴间 8 间。场馆内无障碍设施设置齐全，提示盲道和行进盲道指引视觉障碍者避让危险和安全前行，无障碍楼梯和无障碍电梯方便行动障碍者和视觉障碍者行走与使用，轮椅席位满足残障人士的观赛需求，还有其他各类无障碍设施的设置有助于残障人士和所有社会群体一起共享运动带来的乐趣。

案例 58：杭州奥体中心游泳馆

杭州奥体中心游泳馆位于杭州市萧山区钱江世纪城博奥路和平澜路交叉口，杭州奥体博览城的西北角。

杭州奥体中心游泳馆总建筑面积 53959 平方米，建筑高度 35 米。地下一层为机房层、第一层为竞赛功能用房、第二层为观众休息大厅及比赛大厅、第三层为控制机房，整体布局科学合理。场馆建有国际标准竞赛游泳池 1 座（50 米×25 米×3 米）、热身池 1 座（50 米×25 米×2 米）、国际标准竞赛跳水池 1 座（含 1 米跳板、3 米跳板、5 米跳台、7.5 米跳台、10 米跳台），总座席数约 6000 个。亚运会期间承担游泳、花样游泳、跳水和亚残运会游泳

竞赛与训练任务。

　　游泳馆建有符合无障碍要求的流线及设施，观众区设有无障碍卫生间 4 个，无障碍专用席位 34 个，满足特殊群体观赛需求。运动员区设有赛事无障碍设施，主要包括无障碍停车位、缘石坡道、无障碍电梯、无障碍卫生间、无障碍淋浴间等，同时设有无障碍上落客平台、扶手盲文指引牌、卫生间盲文平面图、无障碍扶手、淋浴凳、马桶高位感应按钮等人性化设施。

十三、　公共停车场（库）

　　为方便残障人士的交通出行，提升基本公共服务水平，杭州市城管局以举办亚（残）运会为契机，积极推动无障碍停车相关工作。

　　杭州市城管局根据《关于对杭州市区残疾人驾驶的机动车停放实施收费减免优惠的通知》（杭政办函〔2017〕105 号）的要求，全面落实停车费减

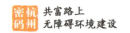
免优惠工作，严格执行在杭州市区城市道路停车泊位，残障人士停车 2 小时（含）以内免费；在杭州市区政府投资建设公共停车场库，残障人士停车 1 天（24 小时）以内免费的政策。

通过对停车系统的不断升级改造，逐步实现了道路泊位和政府投资建设公共停车场（库）的残障人士车辆停放费用的自动核减功能。残疾人驾驶的机动车可在 108 个政府停车场（库）、700 余处道路泊位停车点享受停车优惠自动核减的服务，停车现场不再需要出示相关证件。

开通绿色办理通道，实施停车费的减免优惠。建立了无障碍停车工作群，各级残联可通过绿色通道直接线上办理停车减免相关手续。共有 4000 余辆残障人士驾驶的机动车办理了相关手续，并纳入了停车系统的管理。另外，积极倡导和鼓励其他各类停车场所对残疾人驾驶的机动车停车收费予以优惠。

加强监督管理，全力保障停车场内无障碍设施的正常使用。将无障碍设施的管理纳入每年的城管目标停车考核中，摸排政府投资建设公共停车场（库）的无障碍设施情况，对无障碍停车位进行检查，重点检查无障碍停车位是否被占用，无障碍标志、标线是否清晰等，并就发现的问题立即整改到位。

无障碍设施提升改造，打造优质停车服务体验。杭州市城管局积极开展政府投资建设公共停车场（库）无障碍设施的提升改造工作，设置无障碍停车位标识和引导指示牌、调整无障碍停车位、安装无障碍电梯等。例如，在西湖区益乐河 2 号地下车库、紫荆花公园地下停车库、娄家湾河地下公共停车库都安装了残障人士专属电梯，方便行动不便的市民出入，得到了广泛好评。

各区公共停车场（库）无障碍问题整改情况表（截至 2022 年 5 月）

城区	整改场所数量/处	轮椅坡道/个	升降平台/个	门/扇	无障碍电梯/台	无障碍卫生间（厕位）/个	无障碍停车位/个	轮椅席位/个	低位服务台/个
上城区	20	6	0	0	0	0	66	0	0

城区	整改场所数量/处	轮椅坡道/个	升降平台/个	门/扇	无障碍电梯/台	无障碍卫生间（厕位）/个	无障碍停车位/个	轮椅席位/个	低位服务台/个
拱墅区	7	0	0	0	0	0	10	0	0
西湖区	11	0	3	0	0	0	60	0	0
滨江区	11	0	0	2	5	2	151	0	0
萧山区	115	0	1	0	0	0	735	0	0
余杭区	30	19	0	0	55	0	186	0	0
临平区	5	5	0	0	0	0	10	0	0
钱塘区	19	0	0	0	2	0	94	0	0
富阳区	10	6	0	0	0	3	23	0	0
临安区	9	0	0	0	0	0	18	0	0
桐庐县	15	5	0	0	0	0	25	0	0
淳安县	2	0	0	0	0	0	3	0	0
建德市	3	0	0	0	2	0	13	0	0

十四、 在杭省级公共服务场所

在杭省级公共服务场所，是迎亚（残）运会的"重要窗口"。在省、市两级领导的高度重视下，市、区两级无障碍办开展了专项行动。

2022年2月底，杭州市无障碍办以亚运保障医院为重点，组织力量对16家在杭省级医院（院区）的无障碍环境建设情况进行了摸底调查，覆盖门诊、急诊、住院部、公共区域无障碍设施及信息无障碍。检查结果不容乐观。主要问题涉及出入口无轮椅坡道，挂号、收费、取药处无低位服务台或窗口，无障碍卫生间或厕位不符合要求，无障碍电梯不符合规范，信息交流无障碍缺失等。

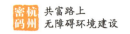
对此，省领导作出指示和批示，省级相关部门积极落实问题整改。截至 2022 年 6 月 20 日，共完成整改 877 项，完成率超过 96%。除个别场所因建设年代较早存在不具备整改的客观条件，以及个别场所正在整体翻修外，其余均实现了"能改尽改"。

案例 59：上城区分步开展省级医院无障碍环境建设

在杭省级医疗机构和亚运保障医院主要集中在上城区，共有 8 家。

尽管各省级医疗机构高度重视无障碍建设，但受医院建筑格局陈旧、既有设施有限等客观因素影响，无障碍问题整改确实存在"推进难"问题。杭州市无障碍办专题布置后，上城区无障碍办"事不过夜"，立即跟进。

- 加强联络：通过上城区卫健部门与 5 家医院沟通，确定对应联系人，建立常态化工作机制。

- 上门服务：与各医院后勤保障部门对接，利用一周时间，连续组织各场所排查，并充分摸清院方困难、需求。

- 专题协调：上城区领导组织召开省级医疗机构无障碍环境建设专题推进会。

- 督促自查：向各医院发送《关于进一步推进无障碍环境建设工作的联系函》，确保"应查尽查，应改尽改"。

- 编制清单：梳理汇总全部排查问题，形成专项任务清单，并结合点位实际，逐一整改销项。

- 跟踪指导：协同各省级医院，深度参与点位问题整改技术指导。

省级医院按时间节点和规范标准有序实施，并配置完善盲文地图、语音播报、手语翻译等服务，在信息交流无障碍建设方面，提升人文关怀和就医帮助。

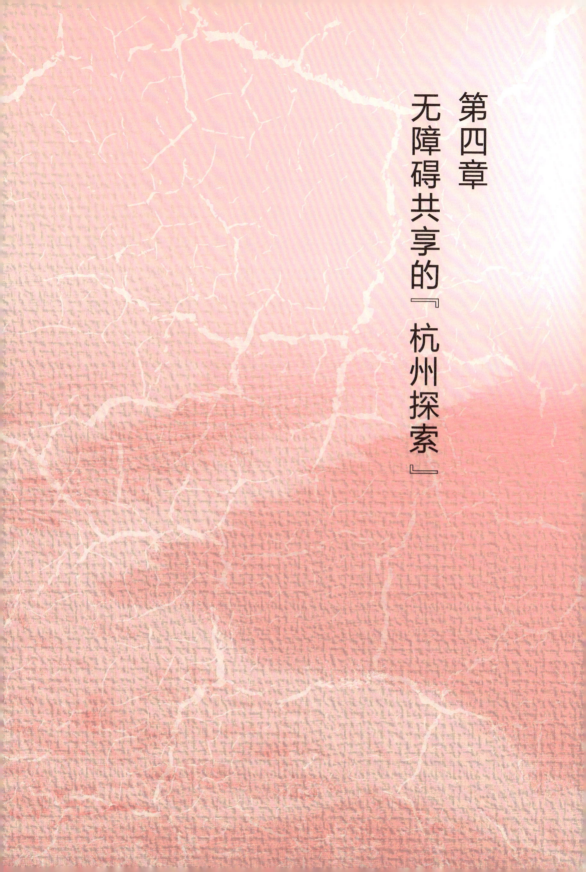

第四章

无障碍共享的『杭州探索』

爱之花开放的地方，生命便能欣欣向荣。

——凡·高

杭州是一座根植"互联网基因"的数字之城，在推动无障碍环境建设过程中，杭州以"数字化"改革为契机，充分借助"数智"之力，探索了盲人能"看"到、聋人能"听"到，轮椅顺畅出行，信息交流无障碍，小众人群自主融入大众社会等途径。

一、杭州在线手语翻译系统

在一次杭州市无障碍办组织的听障人士座谈会上，听障人士表达了最恳切的需求，即和健听人士顺畅交流，尤其是在就医、出行和各种社会活动中。

杭州现在有 3 万多名听障人士，他们使用的语言是手语，听障人士与健听人士交流最便捷的方式是借助"手语翻译"。

如何随时为听障人士提供帮助？

杭州市应用和推广了"在线手语翻译"。

（一）杭州"手语姐姐"

1. "手语姐姐"1.0

杭州市残联建立了"手语姐姐"实时在线翻译系统和"手语姐姐"无障碍交流服务中心。

2021 年 6 月 3 日，"手语姐姐"远程翻译系统正式上线，由 70 多名手语翻译服务志愿者持续开展"线上 + 线下"手语翻译服务。依托该手语翻译系统，听障人士每天 9 点到 17 点可在就医、办事等活动中通过现场的"智能终端"，一键呼叫专业手语翻译团队。只要点开小小的屏幕，就能为听障人士提供远程手语翻译服务。这套系统不仅确保了实时性和精准性，还具备可溯性和集成性，非常便捷、高效。

截至 2023 年 1 月，杭州"手语姐姐"实时在线翻译系统已在杭州 328 家单位落地设点，累计连线服务 3540 余次。手语"110"共接到 472 个紧急求助，共计服务 8804.5 分钟，平均每次服务时长 18.7 分钟。"手语姐姐"的上线，帮助听障人士解决了公共服务领域的沟通难题。

特别是在 2022 年初，杭州出现了新一轮新冠疫情，滨江区某公司有 17 位听障人士被隔离。"手语姐姐"团队专门建立紧急求助微信群，连夜协调、安排手语翻译者进行 24 小时在线轮值翻译服务，帮助听障朋友度过了艰难时刻。

2."手语姐姐"2.0

随着"手语姐姐"实时在线翻译系统在各类公共场所的应用与推广，系统普及率越来越高，杭州市进一步在如何做到更便利、更惠民的机制上探索实践。

在"手语姐姐"1.0时代，杭州市在各类公共场所配备"手语姐姐"实时在线翻译系统，责任单位须购买专用"智能终端"并支付年服务费。随着系统应用面的扩大和应用年限的持续，这是一笔不小的开支，对普通百姓家庭日常自主使用更是产生了较大负担，限制了系统的推广。

经过深入调研，杭州市决定，"手语姐姐"实时在线翻译服务向全社会免费开放，"手语姐姐"团队运营经费由市财政补贴，至此"手语姐姐"正式跨入2.0时代。

通过任意移动手机端打开"支付宝"软件，搜索"无障碍服务在线"，可实现手语翻译呼叫，即时得到回应，享受远程手语翻译服务，并且全程免费。经过不懈努力，这一服务在2023年4月26日正式上线。后续还将不断优化、完善服务。

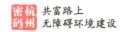

（二）智能数字人"小莫"

当下，虚拟数字人在智慧城市、数字经济等方面发挥着重要作用，那么在"助残服务"方面呢？

杭州市借助社会力量——阿里达摩院，积极推进亚运场馆侧、城市侧公益服务探索，通过三维虚拟人技术、计算机视觉、机器翻译、语音技术等，创新研发了一款智能手语翻译官——数字人"小莫"。

"小莫"具备手语识别和手语播报的双重能力，既可以将自然语言翻译成手语，又可以识别听障人士的手语并将其翻译成自然语言。数字人"小莫"已在"支付宝"平台开通上线，并做到了全年全天候 24 小时服务。

1. 手语双向翻译

首先打开"支付宝"，输入"现声"，这时就会出现一个虚拟的数字人"小莫"。

再点击右下角的"开启翻译",就能进入智能手语翻译程序。程序中有"点击打手语"和"长按说语音"两种方法可进行互译。

手语动作的速度快,不同含义的手语动作相似度高,且手语手势具有地域性、多样性,这都导致了数字人"小莫"识别难度大。即便如此,相比传统算法模型,数字人"小莫"的整体手语识别准确率显著提高,错误率低于10%。

目前,数字人"小莫"可识别手语打法2万余个,合成手语覆盖中文词语1万余条,采集手语文本及视频训练数据200余万条,率先探索、构建并覆盖了国内不同地域的手语手势数据库。手语服务覆盖亚运赛事、旅游服务、新闻传播、日常对话等应用场景,让听障人士出行更加便利。

此外,数字人"小莫"还参与了淘宝手语助残直播,使听障人士可以无障碍地观看淘宝直播;举办了"人人3小时""向小莫学手语"一系列公益活动,向健听人宣传了手语。

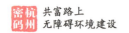

2. 手语视频景点讲解

手语视频讲解在杭州旅游景点先行先试。

在移动手机端打开微信，搜寻"掌上西湖西溪"小程序，进入后就会看到"无障碍讲解"，点击浏览，进入景点，有"中文讲解"和"手语视频"两个选项，可以看到数字人"小莫"的贴心手语讲解，对听障朋友非常友好。

"西湖十景"是在南宋这一中华传统文化艺术的成熟期和鼎盛期创造的最重要的景观设计作品。在"掌上西湖"小程序中，数字人"小莫"讲解贴切，表达了传统西湖美景的传统意境，很受欢迎。

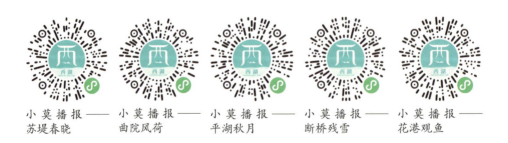

小莫播报——苏堤春晓　　小莫播报——曲院风荷　　小莫播报——平湖秋月　　小莫播报——断桥残雪　　小莫播报——花港观鱼

小莫播报——柳浪闻莺　　小莫播报——三潭印月　　小莫播报——双峰插云　　小莫播报——雷峰夕照　　小莫播报——南屏晚钟

　　数字人"小莫"手语讲解覆盖了苏堤春晓、曲院风荷、花港观鱼、章太炎纪念馆等37个景区、570处景点，给听障人士提供了"一部手机畅游西湖"的美好体验。

　　数字人"小莫"技术研发团队在西湖游船、茶博园、德寿宫、于谦祠、苏东坡纪念馆、南宋官窑博物馆等景点，开展了"点对点"、下沉式体验和项目前期研发；在中国茶叶博物馆（双峰馆和龙井馆），为23个茶博宣

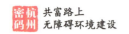
传视频配合了手语字幕；在多媒体终端，为 10 个茶品共 236 个茶类制作工艺制作了手语讲解视频，为 74 件茶类重点展品提供了手语翻译。

3. 亚（残）运会的手语服务

在杭州亚运会、亚残运会期间，数字人"小莫"也将成为手语转播员，为国际与国内听障参会友人抵离杭州萧山机场提供手语指引。数字人"小莫"的手语指引主要会安放在国际、国内预安检口，安检闸机处，开箱包检查处，前传和门后等安检重要节点处。届时，听障朋友可以通过数字人"小莫"更好地获取信息，享受无障碍手语翻译服务。另外，数字人"小莫"还将活跃在"亚残智能一站通"上，充当健听人士与听障人士无障碍沟通的贴心桥梁。

数字人"小莫"不仅不受服务时间限制，还不用另外安装终端，只要手机在手，就可以随时享受服务。

数字人"小莫"一天天在"长大"，它的落地应用，不论是广度还是深度，都走在了全国的最前列，其一步步实践的过程为以后的智能数字人项目积累了宝贵的经验。数字人"小莫"在不断优化自身的同时，也切实为广大听障朋友融入社会生活搭起了"一座彩桥"。在杭州市无障碍办最近一次组织的听障代表与数字人"小莫"的互动体验中，一位听障代表欣喜地说："总体准确率还不错，有了'小莫'真方便！"

（三）"人""机"互融应用

在免费远程手语翻译服务领域，"手语姐姐"和数字人"小莫"在各自擅长的区域精耕细作，硕果累累！

在实现"双向奔赴"的今天，"手语姐姐"和数字人"小莫"能否珠联璧合，实现人机互融联通，即组成全天候的手语翻译系统，既发挥数字人"小莫" 24 小时服务的优势，又将"手语姐姐"精准的在线服务用到极致？

经过不懈努力，2023 年 4 月 26 日，这一设想得到了完美实现。只要通过任意移动手机端，打开支付宝，搜索"无障碍服务在线"，进入程序后，"在线翻译"有"AI 数字人手语服务"和"人工手语服务"两种方式可选，呼叫后，等到回应，就能享受远程手语翻译服务。

该服务在支付宝的上线，意味着已向全国提供免费远程手语翻译服务。这一举措既彰显了杭州市的大爱格局，又体现了杭州这座数字之城的敢为人先。数字人"小莫"将走出杭州，勇于接受全国听障朋友的检验。阿里达摩院也将虚心听取各方意见，促进该项目服务惠及更多人群。

二、杭州成为首批"轮椅导航"城市

轮椅出行，走哪一条路？从哪个地铁口坐垂梯进入？沿途哪里有无障碍

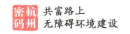
卫生间？医院的无障碍通道在哪里？逛商场从哪个入口进？居民家门口的"口袋公园"从哪儿进最方便？

2022 年 11 月 25 日，杭州市无障碍办与高德地图合作，正式推出了无障碍"轮椅导航"功能，与北京、上海一起成为全国首批三个试点城市之一。"轮椅导航"是专门针对特殊出行需求开发的，在将无障碍设施数字化的基础上，配以相对应的路线规划和导航策略，帮助轮椅出行人群在走出家门时"心中有数"。

当然，除了坐轮椅的残疾人，行动不便的老年人、推婴儿车的家长、因意外受伤临时轮椅出行及携重物出行的人群，也是"轮椅导航"的服务对象。

只要打开高德地图 App，先登录"我的"，在"设置"中找到"无障碍模式"，进入后开启"无障碍导航"，再使用高德地图。在乘坐地铁出行时，高德地图将结合地铁站的无障碍电梯、升降机这些无障碍设施，为用户规划出一条无障碍路线；同时，可在户外导航过程中避开地下通道、人行天桥等轮椅无法通行的路段，方便残疾人、婴幼儿、老年人等弱势群体出行。

为支持"轮椅导航"上线，杭州市开展了首批包括 297 个地铁出入口、28 座人行天桥及地道和 1573 座无障碍公厕等点位坐标及其他信息的采集，并在高德地图上标注，实现可搜索、可应用。

特别是可通过高德地图搜索"无障碍卫生间"获知最近的无障碍卫生间信息。

开启"无障碍模式"后，在公交、地铁或者步行导航页面输入目的地，点击右侧"无障碍卫生间"标识，也可展示沿途的无障碍卫生间。

"轮椅导航"上线后，杭州市对无障碍场所数字化加大了分类扩面，又相继开展了 150 座医院、144 个行政（党群）服务中心、93 家宾馆酒店、111 座公园、17 座图书馆、27 座博物馆、54 家商场、132 家银行、35 家体育馆的点位坐标及其他信息的采集与在高德地图上的标注，努力实现公共场所无障碍场景线上全覆盖。

杭州将继续在高德地图上深度展示无障碍环境，在使用过程中跟踪用户体验，进一步优化"轮椅导航"功能，形成规模效应，使其真正地便利和贴心，更好地提升杭州的文明度和城市能级。

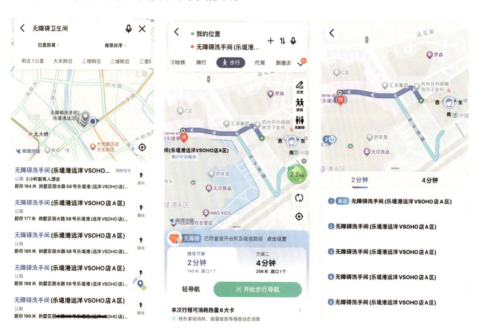

三、 重要App无障碍适配改造

在和盲人朋友的接触过程中，杭州市无障碍办的工作人员惊奇地发现他们能够灵活自如地使用手机办事、融入社交。例如，出门看病，他们能和健全人一样先在手机上挂好号，到医院直接取号看病；也能一样操作支付宝、微信，浏览新闻，甚至还能手机购物等。

这是因为现在的智能手机已自带读屏软件，如果 App 适配了读屏软件，

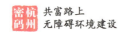
则点开 App 后，手指点到哪里，读屏软件就会读取手指所点的内容。甚至当视障人士点到上面的一张图片时，读屏软件还能描述图片的内容，盲人朋友们就真能"看"到了。

做了无障碍适配改造的 App 为盲人打开了一个崭新的世界，开辟了一条信息交流的"互联网盲道"。

2021 年 9 月 29 日，国务院办公厅印发了《全国一体化政务服务平台移动端建设指南》，针对视障人士、老年人等特需群体，专门提出要优化政务服务平台移动端界面交互、内容朗读、操作提示、语音辅助等功能。

一般来说，与通用版 App 相比，无障碍版 App 的应用选项要突出核心功能；无障碍版 App 还应推出语音搜索、内容朗读、一键购票、一键叫车等功能，进一步降低使用门槛，使操作流程更加简单、便捷。

（一）杭州银行 App

杭州银行是长三角地区重要的地方金融银行，既是杭州市残障人士享受政策补助的"钱袋子"，也是大部分杭州残障人士必用的 App 之一。

怎样才能让杭州银行 App "好用"？

杭州市无障碍办联系杭州银行，并安排熟悉使用手机的视障人士和 App 适配改造专家，做需求演示与适配改造讲解。银行方面则从不了解、不知情到积极响应、筹措专项资金、配备研发团队，从手机银行高频交易入手，历经 8 个月的项目开发、测试等，上线了手机银行 App 无障碍版。视障客户终于可以畅通无阻地享受杭州银行的金融服务，老年客户也可享受一键呼叫人工客服、一键导航最近网点、添加紧急联系人等辅助功能。

如今，只要点开杭州银行 App 首页，就会跳出一个对话框，读屏软件会提醒"是不是要选择无障碍版"，轻点屏幕就能自动切换到无障碍版，进入程序就能"看"到已经发放的补助情况、账户余额、转账操作等。

"虽然功能不算很多，但已经够用了。"视障朋友高兴地说。

（二）杭州公交 App

杭州公交 App 是一款受市民欢迎的公共出行导航软件，但残障人群使用时，会有查车难、易过站等问题。经过软件开发无障碍适配，杭州公交 App 于 2022 年 4 月推出了"无障碍模式"版本。

在手机移动端开启"TalkBack"后，"TalkBack"会通过语音会话描述用户在杭州公交 App 上执行的操作，并将收到的提醒和通知告诉用户。用户可以放大屏幕上的内容、调整字体对比度或颜色、开启随选朗读功能，使用颜色反转、大号指针等功能来提高操作便携性；还可以通过语音指令打开应用，进行导航及修改文字；借助"盲文提示"，能够通过蓝牙将可刷新式盲文显示屏与自己的设备相连接。

将"盲文提示"和"TalkBack"搭配使用，可同时获得语音和盲文体验。这样，用户就可以编辑文字并与设备进行互动。

杭州公交 App 无障碍模式的推出，改善了残障人群的乘车体验，方便了残障人群的公共出行。

（三）浙里办 App

浙里办是浙江政务服务网一体化平台，实名注册用户已超过 8200 万人。之前有残障人士反映浙里办 App 首页搜索控件无法读出、各应用认证方式不够友好等。对此，杭州市数据资源局牵头将接入浙江政务服务网、浙里办 App 上的所有应用和办事界面均进行无障碍适配改造，涉及"杭州网上办事""民呼我为"等 45 个政务类 App。

杭州市无障碍办多次与浙江省大数据局对接，并会同相关运营团队与存在民生类无障碍适配问题的 9 家省级单位和 12 家市级部门逐一进行了对接，共同研究并跟踪优化和改造。已顺利改造首批与残障人士生活息息相关的"预防接种""预约挂号""社保查询"等 35 个平台应用，完成无障碍适配。

浙里办 App 应用无障碍适配改造清单

类别	序号	单位	具体应用名称
省级	1	浙江省卫生健康委	报告查询
	2		互联网医院
	3		检查预约
	4		健康档案
	5		健康体检
	6		排队叫号
	7		预约挂号
	8		浙里急救
	9		智能导诊
	10	浙江省财政厅	财政惠民补贴
	11		公共支付
	12		教育缴费
	13	浙江省住房和城乡建设厅	省直公积金
	14		住房公积金
	15	浙江省民政厅	婚姻登记预约
	16		浙里救
	17	浙江省税务局	社保费缴纳
	18		浙江税务
	19	浙江省文化和旅游厅	入馆预约
	20		浙江图书馆
	21	浙江省人力资源和社会保障厅	社保查询
	22	浙江省残疾人联合会	浙里助残专区
	23	浙江省红十字会	数字红会
	24	浙江省教育厅	之江汇教育广场
市、区级	25	杭州市西湖区民政局	约服务
	26		智守护
	27	2022年第19届亚运会组委会	亚运一站通
	28	杭州市残疾人联合会	辅具智配
	29	杭州市公共交通集团有限公司	实时公交
	30	杭州市民卡管理有限公司	杭州市民卡
	31	杭州市卫生健康委	健康杭州
	32	杭州市文广旅游局–杭州图书馆	杭州图书馆
	33	杭州市政府派出机构	杭州公园年卡
	34	杭州市住房保障和房产管理局	住房信息查询
	35	杭州市总工会	杭州工会

（四）支付宝 App

蚂蚁集团旗下的支付宝是全球知名的金融服务平台，其同国际高频接轨的特点，使得团队高层在支付宝的运行及迭代升级过程中，始终高度关注无障碍适配改造。杭州市无障碍办邀请视障人士代表、行业专家，会同市残联等部门，对支付宝 App 无障碍适配改造进行深度交流与具体推动。

支付宝 App 无障碍适配改造已完成迭代优化，成为工业和信息化部"互联网应用适老化及无障碍改造专项行动"首批通过评测的 App 之一。视障人士通过支付宝，既能网购，又能做电商。

四、 政务网站无障碍适配改造

现在的杭州市统计局网站发生了很多变化。

网站工具条栏里，多了"无障碍导航""关怀版"工具条。点击工具条，就会出现"读屏"等功能，能够实现网站内文本内容的自动读取，增加了键

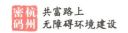
盘替代鼠标的操作，实现了网站内容无障碍访问，可满足老年人、视障人士等特殊群体的需求。

在网站首页底部，还会看到"适老化无障碍服务"标识。

这是杭州市统计局经过适配性改造后的新网站，统计局按照国家有关建设规范，对使用频率较高的"首页""统计数据""分析信息""专题专栏"等重点栏目进行了适配性改造，确保老年人、视障人士等特需群体正常访问。

2022年，杭州市数据资源管理局《关于印发〈2022年杭州市政府网站工作要点〉的通知》要求"优化政府网站功能设计，完成政府网站适老化及无障碍改造，建设政府网站移动版，着力解决特殊用户群体运用智能技术遇到的'数字鸿沟'问题"。要求政府网站的电脑端和移动端重点针对老年人、视障人士等特需群体的使用特点，对相关栏目及政务公开内容进行适老化及无障碍改造。对标国家标准，组织开发商进行页面代码样式修改，开展各项适配测试，确保页面流畅显示和访问读取，并且需提供对应的服务快捷进入通道。改造后的网站有可感知性、可操作性、可理解性、兼容性，确保网站能满足视障用户的访问需求。

经过一年多的努力，杭州市人民政府，各区、县（市）人民政府，市直相关单位等51家政府网站都已完成无障碍适配改造。改造后的网站支持视障人士通过屏幕阅读器获取信息，网站设有一个"无障碍"选项，点击后屏幕上方就会出现一排按钮：声音、语速、阅读方法、配色、放大、缩小、大图标、光标、显示屏等，可提供大字版、内容朗读、语音辅助、老年专区等功能。比如，对于视力不好的人群，可以选择声音按钮，将"看网页"改为"听网页"；网页可以随意放大和缩小，还可以改变网页背景配色，解决弱视、色盲、偏色等人群的问题。

五、 紧急呼叫文字报警无障碍

当听力、语言障碍人士遇到突发疾病无法拨打电话求救，或是遇到意外伤害无法说明具体位置时该怎么办？

2021年1月，建德市人民检察院收到群众反映：辖区120急救调度系统仅能接收电话呼救，这对听力障碍、语言障碍群体的自主报警造成了客观障碍，使他们的生命健康安全难以得到有效保障。建德市人民检察院调查、核实后发现，建德市医疗急救指挥中心是建德市域内负责医疗急救指挥调度的唯一机构，其使用的指挥调度系统仅具备普通来电、110联动、122联动等电话呼救功能，不具备文字信息报送和文字呼叫功能，无法满足听力障碍、语言障碍人士在紧急情况下的自主呼救需求，损害了社会公共利益。遂立案审查。

2021年1月27日，建德市人民检察院组织召开公开听证会。参加听证会的各方代表一致认为，120急救调度系统的文字报警功能建设是保障听力障碍、语言障碍群体及其家属生命健康权益的重要举措，完善医疗急救文字

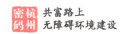

报警系统建设确有必要。听证会结束后，建德市人民检察院向建德市卫健局送达诉前检察建议，建议其督促建德市医疗急救指挥中心尽快完善呼救系统的相关功能，切实保护特定群体的合法权益。

随后，杭州市人民检察院指导区、县检察机关对辖区医疗急救指挥中心进行排查，发现市级和部分区、县级医疗急救指挥中心的医疗急救文字报警系统存在缺失或不规范现象，不符合相关法律、法规的规定，且指挥调度系统普遍不具备文字报警功能。

2021年5月18日，杭州市无障碍办会同杭州市卫健委，组织召开杭州市一键急救及文字报警系统建设推进会。会议邀请杭州市人民检察院、杭州市残联、杭州市急救中心、建德市人民检察院，以及萧山区、余杭区、临平区、富阳区、临安区、桐庐县、建德市、淳安县的卫健局与相关城区无障碍办负责人参会。会议形成了《杭州市一键急救及文字报警系统建设推进会议纪要》，明确了由杭州市卫健部门牵头制定全市医疗急救文字报警系统的建设完善方案并组织实施。

2021年7月9日，杭州市卫健委下发《关于做好杭州市推进一键急救及文字报警系统建设的通知》，要求各相关区、县（市）卫健部门切实推进医疗急救文字报警系统的建设、投入使用及长效管理。截至2021年12月底，全市120急救调度系统均已具备文字报警功能。

此案也成为最高人民检察院与中国残联联合发布的2021年度"残疾人权益保障检察公益诉讼案例"中10件典型案例之一。

六、 电视新闻手语播报

1. 杭州电视台《明珠手语新闻》《杭州气象》两档手语节目

2022年《明珠手语新闻》借鉴了国内外最新手语电视栏目，进行了全新

升级。手语主持人呈现从原本占据电视画框的四分之一扩大到三分之一，同时调整了整档新闻的包装，方便听障观众可视化需求。在 20 分钟的手语新闻时段内，尽可能精编服务类信息。特别是对"杭州市手语姐姐实时在线翻译系统投入使用""听障残疾人打新冠疫苗""如何申领每月补贴"等服务类新闻做清晰解释，力争打造一档好用好看的手语新闻栏目，既能成为听障人

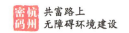
士生活指南，又能成为向普通观众普及手语的窗口。

综合频道的《杭州气象》手语播报，几年如一日坚持为听障人士提供气象服务，已经成为听障观众生活的一部分。

2. 重大事件增加手语主播，让"两会"声音"听得见"

2022年杭州市两会开幕式增加了手语直播环节，这对直播团队来说是一次全新的尝试，对直播安全来说更是一次不小的挑战。杭州电视台综合频道提前与杭州市残联及西湖明珠频道的《明珠手语新闻》栏目组对接落实手语主播，技术团队在幕后保障会场画面和演播室画面双路信号无缝对接，手语老师精心准备、做足功课。在多方努力下，最后成功为全市3.4万名听障人士呈现了一场"听得见"的开幕盛况。

七、盲人"看"电影

看电影是健全人最普通的娱乐活动，但对于视障人士来说，却是可望不可即的梦想，而盲人版电影就圆了这个梦想！

盲人版电影保留了原版电影的对白，在影片声音空白处用生动形象的语言对电影的背景、细节、情节、人物、动作、心理、表情等进行解说，使盲人朋友能够了解整部电影的内容，沉浸到电影的艺术氛围之中，充分享受电影带来的精神快乐。

在杭州市委宣传部、市文明办、市残联的共同推动下，FM89杭州之声联合杭州市残疾人综合服务中心，树立杭州"声呐"无障碍电影品牌，搭建市、区两级无障碍电影联动机制，组建区、县（市）级无障碍电影讲解队伍15支。至2021年底，"声呐"已向全市送影服务177场，惠及15705人次。

杭州市无障碍电影院正在规划建设中，包括无障碍设施、配套影音系统，届时将为视障人士提供更好的观影体验。

杭州市残疾人综合服务中心与优酷信息技术（北京）有限公司合作，在"无障碍服务在线"里增加观影服务栏目。视障人士通过该栏目，就能在优酷 App 无障碍剧场区免费体验无障碍视听产品，足不出户就能"看"电影、"追"新剧。

临安区创新推出"心聆感影"活动，在锦北、锦城、於潜等镇（街道）设立无障碍观影点 26 个，投入 15 万元，配备无障碍影片、音响等辅助观影设备 35 件。组建无障碍观影讲解志愿服务队伍，参与人数 268 人，通过辅助讲解功能，帮助视障人士更真实地感受影片情景，惠及群众 500 余人次。

余杭区百丈镇专门设立了无障碍影院，为视障人群提供一个观影空间。与健全人观影不同，无障碍电影需要在正式放映前调试讲解音响、去除爆炸性音效、配合电影原声，让音量更适合视障观众的体感。

第五章

无障碍治理的『杭州模式』

一个社会的文明程度，取决于它对弱者的态度。

——狄更斯

一、 全方位治理体系

（一）杭州市委、市政府成立"领导小组"

无障碍环境建设是一项庞大的社会工程，需要各方面共同参与、有机融合、用情用力。

2020年6月无障碍环境建设开启之时，杭州市正面临着不少困局：随着城市化快速推进，尤其是杭州地铁大规模建设，已有的无障碍设施破损十分严重。原先负责牵头的杭州市无障碍建设领导小组及其办公室（非常设机构）于2014年8月撤销之后，这项工作就少了一个牵头抓总的部门。杭州市党员代表、人大代表、政协委员等对无障碍问题提出了意见与建议，杭州市人大常委会即时督促杭州市残联组织开展社会普查。2019年12月，杭州市残联委托第三方完成无障碍现状情况普查，累计查摆无障碍问题负面清单5.7万余件。

无障碍问题怎么改？无障碍环境怎么建设？再次摆上了重要议事日程。

2020年6月，中共杭州市委办公厅、杭州市人民政府办公厅联合印发《关于建立杭州市无障碍环境建设领导小组的通知》，杭州市人民政府办公厅印发《杭州市"迎亚（残）运"无障碍环境建设行动计划（2020—2022年）》（简称"三年行动计划"）的通知，全市无障碍环境建设的新一轮"大会战"正式

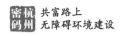
打响。

新的杭州市无障碍环境建设领导小组（简称杭州市无障碍领导小组）由杭州市委副书记、市长担任组长，负责城市建设、城市管理和残疾人工作的分管副市长分别担任常务副组长，市政府相关分管副秘书长、市城管局负责人担任副组长。杭州市无障碍领导小组下设办公室（设在市城管局）负责领导小组日常工作。

全市无障碍环境建设形成"1+25+14"的治理架构：

"1"，即杭州市无障碍环境建设领导小组；

"25"，即25家市直相关部门成员单位；

"14"，即13个区、县（市）人民政府和1个管委会（西湖风景名胜区管委会），成立相应的领导小组及其办公室。

25家市直相关部门的具体职责

（1）杭州市城市管理局：负责领导小组办公室（杭州市无障碍办）日常工作，牵头编制《杭州市无障碍环境建设规划》，负责既有道路、人行过街设施、城市公共厕所、城市公共停车场（库）等场所无障碍设施的改造和维护管理。

（2）杭州市委宣传部：负责协调组织新闻媒体加强对无障碍环境建设和管理的宣传，营造良好的舆论氛围。

（3）杭州市发展和改革委员会：负责督促指导未来社区试点项目落实无障碍环境建设要求。

（4）杭州市经济和信息化局：负责督促电信、移动、联通等通信运营商落实相关建筑和场所的无障碍环境建设与管理。

（5）杭州市教育局：负责督促落实其直属学校建筑和场所的无障碍环境

建设与管理；指导全市教育系统所属学校做好无障碍环境建设工作；通过宣传教育，培养学生树立无障碍环境保护意识。

（6）杭州市民政局：负责督促落实民政系统所属养老、福利等机构建筑和场所的无障碍环境建设与管理。

（7）杭州市司法局：负责落实《杭州市无障碍设施建设和管理办法》的修订、论证工作。

（8）杭州市财政局：负责由市本级承担的公共区域无障碍环境建设和维护资金保障工作，负责杭州市无障碍领导小组的办公经费保障及监督使用。

（9）杭州市规划和自然资源局：负责《杭州市无障碍环境建设规划》的技术审查和复核，落实建设项目审批时无障碍设施的配建要求。

（10）杭州市城乡建设委员会：负责在新建项目设计文件审查时，督促项目建设单位和设计单位严格落实无障碍设计规范等有关要求；在项目竣工验收前，负责通知残联部门，配合做好参与体验；牵头做好新建城市道路等市政基础设施项目中无障碍设施的建设、老旧小区改造项目中无障碍设施的改造等工作；负责牵头做好已建成未移交的城市道路等市政基础设施项目中涉及无障碍设施建设问题的整改。

（11）杭州市住房保障和房产管理局：负责督促物业服务企业落实小区无障碍设施维护管理责任，并将其纳入物业管理项目考核；统筹协调拆除重建的危旧房改造项目，既有住宅加装电梯项目同步做好无障碍设施提升改造。

（12）杭州市园林文物局：负责督促落实公园、博物馆、历史文化街区等建筑和场所的无障碍环境建设和管理。

（13）杭州市交通运输局：负责督促落实管辖范围内公路、航运、城市公交、轨道交通等各类交通建筑、场所及交通运输工具的无障碍环境建设和管理；协调民航、铁路部门落实空港、铁路场所及交通运输工具的无障碍环境建设。

（14）杭州市商务局：负责督促落实商场、商业特色街、会展中心、商品专业市场、农贸市场等建筑和场所的无障碍环境建设和管理。

（15）杭州市文化广电旅游局：负责督促落实文化、广播电视、旅游等建筑和场所的无障碍环境建设与管理；督促电视台落实信息交流无障碍工作要求；督促指导广播、电视等媒体宣传无障碍环境建设工作，营造良好的社会氛围。

（16）杭州市卫生健康委员会：负责督促卫健系统市属单位和老龄友好社区落实无障碍环境建设和管理。

（17）杭州市市场监督管理局：负责协同有关部门做好农贸市场、商品专业市场的无障碍环境建设和管理工作。

（18）杭州市地方金融监管局：负责督促银行、保险、证券等金融机构落实相关建筑和场所的无障碍环境建设和管理。

（19）杭州市体育局：负责督促落实其系统内体育建筑和场所的无障碍环境建设和管理。

（20）杭州市机关事务管理局：负责督促落实市本级党政机关办公楼和审批、服务窗口的无障碍环境建设和管理。

（21）杭州市数据资源管理局：负责督促落实网络信息交流无障碍工作，建立突发公共事件下无障碍信息服务保障及运行机制，推进政务信息、公共数据平台及"最多跑一次"改革各环节信息交流无障碍环境建设和管理工作。

（22）杭州市公安局交警局：负责城市道路中各种交通信号（含语音提示）、标志标线等相关无障碍设施的建设和管理。

（23）杭州市邮政管理局：负责督促邮政企业落实邮政相关建筑和场所

的无障碍环境建设与管理，以及占用无障碍通道的邮政设施清理工作。

（24）杭州市残疾人联合会：牵头修订《杭州市无障碍设施建设和管理办法》，负责做好困难残疾人家庭无障碍改造，牵头无障碍社区创建工作，做好无障碍环境巡查和问题督导、反馈工作，配合宣传部门做好无障碍环境建设的宣传，组织开展无障碍设施体验。

（25）亚（残）组委场馆建设部：牵头负责2022年亚（残）运会赛会场馆、亚运村及媒体交流中心的无障碍环境建设。

14 家属地职责

各区、县（市）政府（管委会）负责辖区范围内无障碍环境建设和管理的各项工作。

"三年行动计划"给出了杭州市无障碍环境建设的总体目标：到亚（残）运会前，形成全市统筹推进、多元协同治理、社会共建共享的工作格局，建成政策齐备、标准健全、设施完善、信息畅通的国内一流、国际领先的城市无障碍环境。

随着亚（残）运会的延期，杭州市在"三年行动计划"的基础上，又对2023年的城市建设定下了更高的目标。

2023年是党的二十大开局之年，是"八八战略"实施20周年，也是杭州举办亚（残）运会之年。为深入学习贯彻习近平总书记关于杭州亚运会的重要指示批示精神，实现"办好一个会，提升一座城"目标，杭州市制定了"匠心提质绣杭城"专项行动方案。

其目标是围绕"当好赛事保障主人翁，一起创造经典时刻；当好最美杭州绣花匠，一起扮靓人间天堂；当好城市形象代言人，一起塑造文明典范；当好平安和谐守护者，一起筑牢绝对安全"要求，聚焦"匠心提质绣杭城"主题，坚持面上全面提质和点线亮点营造相结合，用足绣花功夫、发扬工匠精神、发动全民参与，充分释放亚运红利，以惠民为导向持续提升城市环境品质，实现城市品质大提升、城市治理大提升、城市文明大提升，让杭州更加宜居宜业、精致精美、人见人爱，让城市的每一个角落都充分展现"中国特色、浙江风采、杭州韵味"。

（二）"两级专班"实体运作

"专班化运作"模式，是杭州市集中力量攻坚克难的重要抓手。在本轮无障碍环境建设过程中，杭州市成立了无障碍环境建设两级工作专班。历时4年，专班化实体运作机制，使得全市上下"一盘棋"，形成统一标准、统一行动氛围。

组建市级工作专班。从杭州市城管局、杭州市建委、杭州市残联、杭州市交通局、杭州市教育局、杭州市体育局、杭州市卫健委、杭州市文广旅游局等8个部门，抽调11名同志，组成杭州市无障碍办，在杭州市城管局集中办公（市城管局抽调4名），主要负责无障碍环境建设的"规划、督促、协调"等工作。

杭州市无障碍办内设规划统筹组、设施督查组、信息协调组等3个工作小组，主要职责如下。

（1）规划统筹组：主要负责统筹规划、情况通报、专家库建立和管理，牵头负责考核评比、宣传总结等工作。

（2）设施督查组：主要负责督查和指导城市道路、交通、广场、绿地、居住区、居住建筑、公共建筑及历史文化建筑等无障碍设施的问题排查、提升改造、规范建设等工作。

（3）信息协调组：主要负责协调推进信息交流无障碍、无障碍信息化项目等工作。

组建区、县（市）级工作专班。对照市级专班的组织架构，14 个区、县（市）政府、管委会也搭建工作专班，牵头开展辖区内无障碍环境建设工作，专班设在区、县（市）城管局或住建局。

市、区两级领导小组及专班队伍人数超过 200 人，实现了"有人管事、有人干事"。市级专班通过专题协调、现场督导、工作提示、任务督办等方式，督促各责任主体明确责任清单、工作标准、节点要求。横向上，杭州市无障碍办强化部门协调联动，将无障碍建设从点到线、由线到面，扩大工作覆盖面，推动各系统、各行业为无障碍环境建设提供行业指导。纵向上，市、区两级专班及时沟通协调，实现指令畅通、信息共享。

历经四年的推进，区、县（市）工作专班按照"思想统一、目标统一、行动统一"的要求，锻造了一支懂业务、勇担当、抓落实、出成效的"无障碍建设"队伍。

在四年实践过程中，杭州市无障碍办始终按照市委、市政府的总体部署和市人大常委会的监督方案，重点对照"五大方面内容、七大重点范围"开展工作。

（1）五大方面内容：①无障碍环境相关法律法规、规章及标准的贯彻落实；②无障碍环境建设工作体制、机制的健全和落实，包括突发公共事件下无障碍信息服务保障机制及运行；③城市无障碍环境建设规划，工程建设的设计、图审、验收，监理、施工、材料生产单位的监督管理，各有关职能部门对法律法规及规范标准的落实；④有关部门和单位对无障碍设施设备的建设、维护、管理；⑤市委、市政府无障碍环境建设部署要求的落实。

（2）七大重点范围：①国家机关的公共服务场所，重点是市级及以下政府机关、法院、行政服务中心，以及乡镇（街道）及公安派出所、便民服务中心；②城市道路，重点是城市主干道，新建、改建和扩建的道路，主要商业街区、大型居住区的人行过街设施；③交通运输无障碍设施，重点是机场、火车站、汽车站、地铁站、客运码头、主要线路的公交车站及公交车；④教育、文化、体育、医疗、金融、邮政、商业、旅游等公共服务场所，重点是学校，区级及以上图书馆、体育馆，市级及以上博物馆、影剧院、会展中心，三甲医院，各银行杭州分行及主要支行，电信主要网点，邮政网点，主要商圈，大型商场（超市、购物中心），4A级以上景区，4星级以上城市公共厕所，4星级以上宾馆酒店；⑤2022年亚（残）运会赛会场馆、亚运村及其周围的交通道路、各类公共服务场所；⑥新建小区或列入年度改造计划的老旧小区、未来社区、无障碍社区、老龄友好型社区等；⑦信息交流无障碍，重点是市、区两级政府和与市民联系密切部门的网站、公众号，手语新闻节目，各部门配置的公共服务电子设备（如"最多跑一次"办事机、科普驿站、取号机、打印报告机、自动取款机等），亚（残）运会及提升区域的信息服务和智能设备，各公共服务场所的手语、文字、语音等视障软件、听障服务，标志标牌系统。

杭州市无障碍办建立、健全督查检查机制，对照任务清单，分主题、分场所、分计划组织开展现场徒步式检查、抽查，确保实现专项行动"有目标、有任务、有检查、有通报、有考核、有实效"。

为切实形成工作合力，杭州市无障碍办将"无障碍环境建设"纳入市政府综合考评，并于2020年、2021年分别归入重点攻坚"六大行动——拥江发展"指标体系，2022年被列入"亚（残）运会筹办工作考核办法"重点工作完成情况指标体系。利用"考评"这根重要的指挥棒，更为显著地推动工作成效。

（三）杭州市人大常委会持续跟踪监督

在杭州市人大常委会的工作职责中，有一条就是"讨论和决定本行政区域内的重大事项，包括审查和批准本市的国民经济和社会发展计划、预算以及执行情况的报告；讨论、决定本行政区域内的政治、经济、教育、科学、文化、卫生、环境和资源保护、民政、民族等工作的重大事项"。

在杭州市推进无障碍环境建设过程中，杭州市人大常委会将"无障碍环境建设"作为重大事项，将这一职责发挥到了极致。

2020年3月17日，经杭州市第十三届人民代表大会常委会第四十四次主任会议讨论，通过杭州市人大常委会办公厅印发《杭州市人大常委会开展无障碍环境建设专项监督实施方案》的通知，启动了全市无障碍环境建设专项跟踪检查、督办工作。

2020年5月13日，杭州市人大常委会无障碍环境建设监督组分成三个视察组，分别由人大常委会主任会议成员带队，实地视察车站、医院、商场、亚（残）运会场馆、行政服务中心、城市道路、社区等12类重点场所（路段）的150余处无障碍设施。

2020年5月20日，在这个特殊的日子，杭州市人大常委会召集市城管局召开无障碍环境建设工作座谈会，详细听取无障碍工作情况汇报。会前，杭州市人大常委会已召集建设行政主管部门、设计院、质量安全监督管理总站（简称质安监总站）等部门开展座谈，并出了一份无障碍相关知识考卷，要求参会人员当场作答。

2020年6月19日，杭州市第十三届人民代表大会常委会第二十八次会议听取和审议了杭州市政府无障碍环境建设工作情况报告，并对杭州市无障碍环境建设工作进行了全国首次无障碍主题电视直播专题询问。14位市人大常委会组成人员和市人大代表围绕无障碍环境建设提出询问，杭州市政府分管领导及相关部门负责人现场应询。12.8万人次在线观看了这场专题直播。

2020年7月10日，杭州市人大常委会印发《关于我市无障碍环境建设工作情况报告的审议意见》，并附130项跟踪监督无障碍问题整改项目清单，项目覆盖医院、学校、商场、地铁、高铁、公交、道路、公园、公厕、办事

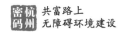
大厅等场景，每一项问题都包含了多个小问题，问题累计近 1000 个。问题主要表现如下。

（1）合格率较低：项目建设能按照有关设计规范要求配置无障碍设施，但设施的合格率不高，存在诸如无障碍坡道过陡、坡道扶手设置不规范、无障碍卫生间扶手安装不规范或缺失、报警按钮设置不正确、盲道引向快车道或障碍物等问题。

（2）系统性较差：城市无障碍设施虽然数量不少，但未能连网成片；部分新建、扩建和改建项目的无障碍设施未能与相邻原有无障碍设施实现无缝衔接，导致无障碍设施整体功能发挥不够。

（3）便利性不够：有些无障碍设施空间布局偏角落，有些设施细节部位设计的人性化考虑不够，有些公共服务场所无障碍标志标识不明显、不规范等，降低了设施使用率，也影响了无障碍环境的系统性、便利性、安全性。

杭州市人大常委会专门附带的 130 项跟踪监督无障碍问题整改项目清单，成为无障碍问题"减存量"的"试验田"，为杭州市无障碍环境建设的全面推开积累了经验、提供了借鉴、树立了样板。

2020 年 8 月 13 日、9 月 3 日和 11 月 27 日，杭州市人大常委会持续组织开展现场视察，听取杭州市无障碍办、杭州市城管局、杭州市残联等相关部门的工作情况汇报。

2021 年 3 月 4 日，杭州市人大常委会组织召开"无障碍环境建设暨民生实事项目监督工作座谈会"，听取杭州市无障碍办、杭州市城管局、杭州市残联的有关工作情况汇报，并就具体工作提出指示要求。

2021 年 5 月 18 日，杭州市人大民生实事项目第十监督组开展"代表监督周"专项监督，代表们现场踏看了武林广场东地道、拱北人行天桥、上塘路和大兜路中心公厕等地的无障碍设施建设情况，就城市道路、城市天桥地道、公厕的改造提升情况与杭州市无障碍办、杭州市城管局等相关部门进行座谈交流。

2021年9月23日，杭州市人大常委会专题视察"无障碍环境提升"民生实事项目，听取杭州市无障碍办、杭州市城管局专题汇报，并对下一步工作提出具体要求。

2021年12月1日，杭州市人大常委会邀请市人大代表、残障人士代表深入地铁站、景区、医院等点位，开展"有爱无碍迎亚运"主题视察活动，对完成整改项目进行抽查。现场视察了地铁7号线市民中心站、西湖无障碍旅游专线、杭州市红十字会医院等项目建设情况，并就全市无障碍环境问题控增量、减存量、亚运场馆设施及"最后一公里"体验区无障碍环境建设情况、信息交流无障碍推进情况和无障碍民生实事项目完成情况召开专题座谈会。

2020年、2021年，杭州市人大常委会连续两年把无障碍环境建设列入专项监督内容，特别是对无障碍环境建设政府规章修订、市级部门工作推进协调、信息交流无障碍建设、新建项目无障碍源头把控等难点、痛点，给予了跟踪督办和大力协调支持，并积极推动检察机关"公益诉讼"助力无障碍环境建设。杭州市人大常委会社会建设工作委员会与杭州市无障碍办建立了日常微信联系群，以便及时跟踪、指导项目建设。

杭州市人大常委会以全部可用之监督手段，围绕"做什么、怎么做、如何评判做得好不好"，全面助力全市无障碍环境建设。其用心用情之力度、深度，实属极致，为杭州市无障碍环境建设的高质量推进起到了十分重要的保驾护航作用！

（四）杭州市政协驻点民主监督

对政治、经济、文化和社会生活中的重要问题以及人民群众普遍关心的问题开展调查研究、反映社情民意、进行协商讨论,是政协的重要职能。在全力推进无障碍环境建设的重要时期,杭州市政协开展了多种形式的参政议政。

2020年7月,杭州市政协办公厅发出《助力打赢无障碍环境建设大会战的倡议书》,倡导全市各级政协组织和广大政协委员深入学习贯彻习近平总书记在杭州考察时的重要讲话精神,积极响应全市无障碍环境建设工作的动员部署和要求,充分发挥政协独特作用,齐心协力打赢无障碍环境建设大会战,为杭州努力成为全国城市无障碍环境建设的"重要窗口"作出应有贡献;号召大家用心当好宣传者、用力当好助推者、用情当好践行者,并组织两级政协联动开展视察监督,助推无障碍环境建设。

2020年8月5日,杭州市政协印发《"助推无障碍环境建设暨交通出行安全"联动视察监督实施方案》,紧紧围绕全市无障碍环境建设、保障市民出行安全的部署和要求,充分发挥政协优势和独特作用,上下联动、视察监督,深入现场、广泛调研,凝聚共识、建言资政,齐心协力助力打赢无障碍环境建设"大会战"。

2020年8月19日,杭州市政协主要领导带队赴杭州东站、武林广场、环城北路—天目山路提升改造工程、近江家园现场调研无障碍环境建设工作,要求坚持规划引领,加强系统建设,提升智慧管理,强化统筹协调,做到新建与更新并重,全面提升全市无障碍环境建设工作水平,努力打造全国城市无障碍环境建设的"重要窗口"。

2020年11月6日,杭州市政协召开"助推无障碍环境建设暨交通出行安全"联动视察监督交流会。此次联动视察监督活动,有1230位政协委员参与,实地调研了340余个点位,发现问题近1000个,提出意见建议490余条。

2020年12月3日,杭州市政协向杭州市委、市政府提交了《无障碍环境建设暨出行安全民主监督报告》。

2021 年 4 月，杭州市政协开展了第四轮委派民主监督小组工作，其中第四组派驻杭州市城管局，围绕"助推无障碍环境建设"议题，开展民主监督、调研座谈、征集社情民意。

2021 年 10 月 27 日，杭州市政协向杭州市城管局出具了《关于助推我市无障碍环境建设的建议》，希望加强对无障碍设施规划设计的统筹协调，强化无障碍设施的管理维护，提高公众无障碍意识，利用数字赋能完善无障碍设施。

杭州市政协还召开了立法协商座谈会，与杭州市司法局就《杭州市无障碍环境建设和管理办法（征求意见稿）》开展立法协商。在两会期间，政协委员也积极建言献策。

各区、县（市）级政协充分发挥"请你来协商""委员会客厅"等委员履职优势，创新形式，积极助推无障碍环境建设。

（五）杭州市人民检察院开创公益诉讼"杭州经验"

搭乘水上巴士欣赏千年京杭大运河风情，已成为杭州的一张旅游金名片。然而，却有人因为小小的台阶，止步于码头与客船之间的"最后 10 米"。

2020 年 3 月，杭州市拱墅区人民检察院在京杭大运河拱宸桥和信义坊两处客运码头发现，虽然码头与附近道路设置了相连接的坡道，但码头入口至上船的地方只设置了台阶，既没有坡道，也没有配置轮椅等辅助器具，这给特需人群造成了出行难题。类似的"不便"还有不少。例如，无障碍通道扶手破损严重，盲道被大量非机动车侵占等。

杭州市人民检察院认为，《中华人民共和国残疾人保障法》等法律法规都明确规定了无障碍设施的所有权人和管理人负有管理与维护的义务。但在实践中，无障碍环境建设立法强制性不足、主体责任缺失、行政监管不到位等问题仍然存在。因此，加强无障碍环境建设监管，检察公益诉讼必须亮剑。

从 2020 年 1 月开始，杭州市人民检察院积极探索，以无障碍环境公益诉讼专项监督、助推杭州无障碍设施日益完善，获得了全国人大、最高人民检察院、中国残联等各界领导的支持肯定，获评全国检察机关"无障碍环境建设公益诉讼典型案例"，并写入最高人民检察院工作报告。

2021 年 5 月 14 日，最高人民检察院联合中国残联召开新闻发布会，要求在全国范围内总结推广无障碍公益诉讼"杭州经验"。《人民日报》、中央电视台、《检察日报》等中央媒体多次报道。

在杭州市人大常委会的监督支持下，杭州市人民检察院多次组织专题调研，实地踏勘特需群体高频使用场景，确立以交通出行、行政服务窗口等场所作为专项监督重点维度。

杭州市人民检察院对无障碍环境领域的法律法规、强制性国家标准进行了全面梳理，结合相关职能部门"三定方案"，厘清无障碍设施设计、施工、验收、维护"全链条"行政监管职权边界，与杭州市无障碍办联合印发《关于强化检察公益诉讼职能服务保障无障碍环境建设的十一条意见》，在《杭州市无障碍环境建设和管理办法》中单设检察公益诉讼条款，明确将检察公益诉讼职能作为无障碍环境建设重要司法保障纳入政府规章，这是全省范围内检察公益诉讼明确纳入无障碍环境建设政府规章的首次实践。

2021 年 1 月 14 日，杭州市人民检察院印发《关于在信息无障碍领域进一步深化公益诉讼专项监督的通知》，将无障碍环境建设检察公益诉讼专项监督，从无障碍设施向信息交流无障碍拓展延伸，重点监督出行、办事、文化等公共场所信息无障碍建设活动中存在的违反法律法规、不符合国家标准等问题。各区、县（市）的行政机关在检察建议基础上，启动了辖区无障碍环境建设专项排查整治，实现了"办理一案，治理一片"的最佳监督效果。

无人收费停车场的普及，在便利人们的同时，却剥夺了残障人士停车收费减免的政策福利；公交车上的无障碍踏板、轮椅区、轮椅固定带、防撞软板等设施关系到残障人士等特需群体的出行体验……杭州市人民检察院召开公开听证会，认真听取特需群体和专家的意见，这已成为检察机关公益诉讼的"新常态"。

截至 2023 年 1 月，市、区两级检察机关办理无障碍公益诉讼案件 53 件，涉及相关设施长期、固定侵占盲道，人行天桥未配套设置无障碍设施，设有电梯的公共场所未设至少 1 部无障碍电梯等 14 种类型和无障碍环境建设违法点位 232 处；制发行政诉讼诉前检察建议 51 份，民事诉讼诉前检察建议 2 份；督促相关部门及相关民事主体依法履行法定职责，53 份检察建议均得到按期回复，相关违法点全部整改到位。

在检察监督的有力推动下，特需群体的信息"天堑"如今逐渐变为"通途"。

（六）杭州铁路运输检察院深度嵌入

铁路运输的无障碍问题谁来"管"？

杭州铁路运输检察院挺身而出——除了涉及铁路的无障碍环境建设问题，跨区域的相关问题也由它来牵头。

2020 年 9 月，杭州铁路运输检察院出台《关于开展无障碍环境建设检察公益诉讼专项监督行动的通知》。

2020 年 9 月—11 月，杭州铁路运输检察院联合杭州上城区人民检察院等地方检察机关，重点对杭州、宁波、温州、湖州、绍兴、金华等 6 个城市的 15 座高铁客运站及站内外衔接处的无障碍环境建设情况进行排查，发现问题点位 232 处。

2023 年 3 月，在杭州市无障碍办的协同下，杭州铁路运输检察院联合杭州市交通运输局、杭州市残联、杭州西站枢纽管理委员会等相关部门，对杭州火车西站无障碍环境建设问题开展排查，累计 8 类 98 处。主要问题：①违反强制性法律法规规定，应设置无障碍设施而未设置。例如，个别车站未设置无障碍电梯、大部分高铁车站无障碍引导标志缺失或者不醒目等。

②现有无障碍设施不符合无障碍设计标准。例如，所有车站的无障碍厕所设施、部分无障碍通道未达到设计要求等。③站内外无障碍设施衔接不到位。例如，个别车站地方配套无障碍电梯无法到达铁路出发层等。④管理、服务不到位。例如，个别车站无障碍电梯设置了刷卡启动功能，部分无障碍厕所被加装门锁，无法正常使用等；相关职能部门未开展有效监督，产权或者管理主体在维护、改造过程中忽视同步建设、改造无障碍标志和设施，已严重妨碍残疾人、老年人等社会特殊群体的正常出行，损害了社会公共利益。

1. 杭州铁路运输检察院通过"四项举措"加以推进

（1）全面梳理相关规范标准，厘清监督依据：以《中华人民共和国残疾人保障法》《中华人民共和国老年人权益保障法》《无障碍环境建设条例》《浙江省实施〈无障碍环境建设条例〉办法》《无障碍设计规范》（GB 50763—2012）等法律、规范为基础，结合《铁路旅客车站设计规范》（TB 10100—2018）对铁路旅客车站的特别性要求，实行精细化监督。

（2）主动对接相关职能部门，形成监督合力：杭州铁路运输检察院联系铁路部门，地方人民检察院联系地方残联，形成了由杭州铁路运输检察院、地方人民检察院、铁路单位及地方残联四方组成的集结铁路、法律、无障碍三个专业的联合调查小组，对铁路旅客车站及周边附属设施进行"无缝对接式"监督。对接杭州市无障碍办共同推进整改工作。

（3）全面开展"地毯式"检查，不留监督死角：邀请残障人士共同参与，借鉴"最多跑一次"工作理念，通过实地体验"进站—购票—候车—检票—出站"的方式，以低位服务台、无障碍通道、无障碍专座、无障碍厕所、无障碍电梯及无障碍停车位等为重点，对车站及附属设施进行逐一排查。

（4）借助"外脑"提供技术支撑，提升监督水平：邀请无障碍专家参与排查，梳理铁路旅客车站无障碍建设相关规定，制作《无障碍环境建设情况排查表》，在提高排查效率的同时做到有的放矢。完成现场排查工作后，调查小组以座谈会的形式对排查情况进行总结，对存在的问题进行梳理并现场制作《勘验检查笔录》，由各责任主体签字确认，确保在第一时间固定并保存证据。

2. 在杭州铁路运输检察院持续督促下，整改工作取得明显成效

（1）铁路旅客车站无障碍环境整改情况：2020年12月，杭州铁路运输检察院联合中国铁路上海局集团有限公司杭州办事处召开铁路旅客车站无障碍环境建设推进会，杭州铁路运输检察院向4家高铁车站管理主体、4家高铁车站产权主体分别公开送达了行政公益诉讼诉前检察建议和综合治理检察建议，督促相关具有监管职责的高铁车站管理主体履行高铁车站无障碍环境建设工作，敦促铁路产权主体落实出资义务。收到检察建议后，铁路产权主体积极响应，依照整改要求编列相关高铁车站无障碍标志和设施改造资金。2021年，中国铁路上海局集团有限公司出资750万余元用于无障碍问题点位整改。2022年，再次出资3000万元用于杭州东站站内、站外整体交通引导系统的统一改造。截至2022年5月，铁路部门的相关点位已全部整改到位。针对铁路杭州西站存在的无障碍问题，杭州铁路运输检察院联合杭州市无障碍办积极对接协调，确保在亚运会召开前完成整改。

（2）铁路旅客车站站内外无障碍环境衔接处整改情况：杭州市上城区人民检察院就杭州火车东站站外衔接处无障碍引导标识缺失、引导系统设置不完善导致的地铁、公交、自驾与铁路换乘障碍问题，于2021年6月向杭州东站枢纽管理委员会制发检察建议。同年7月，杭州市无障碍办联合杭州铁路运输检察院、杭州市上城区人民检察院、杭州火车东站管理主体、杭州东站枢纽管理委员会等单位召开改造推进会，明确整改要求、倒排改造时间，为无障碍环境整改工作落实到位提供有力组织合力。

铁路车站无障碍环境建设是一项系统性工程，从地方市政设施到铁路旅客车站，是一个相互衔接的有机整体。相关职能部门、铁路运输企业在杭州

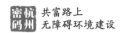
铁路运输检察院、各车站所在地人民检察院的联合督促下，积极履职、有效配合，做到前后呼应、衔接有序，切实增强各项举措之间的耦合性、关联性、协同性，做到目标互相衔接、措施互相配合、成效相得益彰，为服务保障杭州亚（残）运会这一重大活动、残障人士等特殊群体自主安全出行和提升城市文明水平提供了检察助力。

二、 全要素顶层设计

（一）修订政府规章，依法行政

工欲善其事，必先利其器。无障碍环境建设是一项系统工程、民生工程、人文工程、社会工程。做精做好无障碍环境建设，需要统筹考虑各层次、各要素，追根溯源，统揽全局，在高层次上寻求问题解决之道。2004 年，杭州市政府出台《杭州市无障碍设施建设和管理办法》，并于 2004 年 5 月 1 日开始施行。杭州的无障碍设施建设终于有"法"可依。

但随着经济和社会发展，无障碍环境建设的需求与标准发生了重要变化。2012 年的国务院《无障碍环境建设条例》与 2018 年的《浙江省实施〈无障碍环境建设条例〉办法》先后颁布实施，对无障碍环境建设提出了更高要求。为此，2020 年，杭州市将《杭州市无障碍设施建设和管理办法》（2004 版）修订任务提上重要议事日程，明确杭州市残联牵头做好规章修订工作。

经过近一年的努力，《杭州市无障碍环境建设和管理办法》（简称《办法》）于 2021 年 10 月 1 日施行。《办法》除规定社会服务无障碍、信息交流无障碍、无障碍设施维护要求外，最大的特点是"三个明确"，即明确市级、县级、镇（街）级无障碍环境建设领导机构及其日常工作机构。

（1）明确市级层面职责。

《办法》第三条规定如下。

市人民政府对本市无障碍环境建设和管理工作实行统一领导，成立市无障碍环境建设和管理领导机构，负责组织、协调、指导、督促本行政区域内的无障碍环境建设和管理工作，建立联席会议制度，确定年度工作目标。市无障碍环境建设和管理领导机构的日常工作由市城市管理行政主管部门承担。

市城乡建设行政主管部门负责本行政区域内建设工程项目无障碍设施建设的监督管理。

市城市管理行政主管部门负责本行政区域内既有城市道路、人行过街设施、公共厕所、政府投资的公共停车场（库）等场所的无障碍设施改造和维护的监督管理。

市数据资源行政主管部门负责市人民政府门户网站信息交流无障碍工作，指导市人民政府有关部门和各区、县（市）人民政府门户网站信息交流无障碍工作，负责公共数据平台对各类无障碍信息系统的数据支撑。

市发展和改革委、财政局、经济和信息化局、规划和自然资源局、住房保障和房产管理局、交通运输局、园林文物局、文广旅游局、卫生健康委、教育局、体育局、民政局、公安局、商务局、市场监管局、机关事务管理局、金融监管局、邮政局等有关部门按照市人民政府有关规定在各自职责范围内做好无障碍环境建设和管理工作。

《办法》第五条规定如下。

市残疾人联合会负责残疾人家庭无障碍改造，组织建设工程竣工验收前无障碍设施试用体验，配合有关部门做好无障碍环境建设的宣传，指导开展无障碍相关技能培训等工作。

（2）明确区县级层面职责。

《办法》第四条第一、二款规定如下。

各区、县（市）人民政府负责本行政区域内无障碍环境建设和管理工作，成立无障碍环境建设和管理领导机构，并明确日常工作机构。

各区、县（市）人民政府有关部门在各自职责范围内做好无障碍环境建设和管理工作。

（3）明确乡镇（街道）级层面职责。

《办法》第四条第三款规定如下。

乡（镇）人民政府、街道办事处按照上级人民政府的要求做好无障碍环境建设和管理工作。

《办法》还明确了无障碍设施建设要求，规定了特殊教育、康复、社会福利机构等8大类公共场所竣工验收前，残疾人、老年人等社会成员代表可以试用体验。

《办法》进一步强化了保障性住房、公共交通、停车位等方面的无障碍设施建设和管理要求。同时，对已建项目无障碍设施改造、无障碍设施维护等提出了明确的管理要求。

无障碍环境的建设离不开无障碍服务。《办法》在原有"社区服务无障碍"要求的基础上，扩展至"社会服务无障碍"，对公共服务、考试、选举、社区服务、导盲犬导行、应急场所服务等方面提出了无障碍建设和管理要求。

（1）提出全员参与的理念：推动无障碍环境建设，需要社会各方共同参与。为此，《办法》明确无障碍环境建设是全社会的共同责任，并提出了全员参与的理念。

《办法》第六条规定如下。

无障碍环境建设是全社会的共同责任。

任何单位和个人可以就无障碍环境建设情况向有关部门提出意见和建议，有关部门应当及时办理和答复。

鼓励单位和个人为无障碍环境建设提供捐助，参加无障碍环境建设的宣传和志愿服务。

（2）推进无障碍的数字化治理：数字化是杭州的优势和特色。一方面，《办法》要求充分利用好我市数字化改革的先进成果，聚焦老年人、残疾人等特需群体，补齐信息化普惠短板。

《办法》第九条规定如下。

本市依托杭州城市大脑，推动建设无障碍环境数字化服务平台，推进无障碍环境场景应用，并将无障碍环境建设纳入智慧城市建设内容，为残疾人、老年人等社会成员自主安全出行、交流信息、获得社会服务等提供信息化渠道。

《办法》在第二十九条对政府及部门网站、社会公共服务等网站及其移动终端应用的无障碍建设提出要求。

另一方面，《办法》努力消除"数字鸿沟"，使各类社会群体都能平等方便地获取、使用信息。

《办法》第三十五条规定如下。

提供政务服务和其他公共服务的单位应当采取措施，推广应用适合残疾人、老年人等社会成员需求特点的智能信息服务，根据需要对残疾人、老年人等社会成员使用相关信息化服务给予指导和帮助，并尊重残疾人、老年人的习惯，保留现场办理等传统服务方式。

（3）《办法》明确支持无障碍公益诉讼。

《办法》第十二条规定如下。

市、区（县、市）人民政府及其有关部门、企业事业单位、社会团体以及个人应当支持和配合检察机关依法开展的无障碍环境建设领域公益诉讼工作。

市、区（县、市）人民政府及其有关部门应当及时对无障碍环境建设和管理相关检察建议和司法建议进行书面反馈。

（4）进一步体现系统治理：杭州无障碍设施存在的主要问题之一在于衔接不够好、不成系统。为此，《办法》本着系统治理的方针，不仅对新建、改建、扩建的项目提出了无障碍设施配套建设的要求，还对既有城市道路和建筑物等无障碍设施的改造作出了明确要求；不仅对城市无障碍环境建设提出了要求，还明确了逐步推进农村无障碍环境建设。同时，《办法》还注重项目与项目之间的通达性。

《办法》第二十五条规定如下。

改建、扩建城市道路或者城市道路交通设施改造时，不得破坏人行道和非机动车道无障碍设施的连续性。

《办法》对临时占用无障碍设施的管理和无障碍设施长效维护作了规定，明确了不履行维护义务等行为的法律责任。

（5）促进无障碍信息交流：信息交流无障碍是无障碍环境建设的重要组成部分。根据信息交流无障碍建设要与本市经济社会发展水平相适应的总体原则，《办法》第三章第二十八条至第三十三条分别规定了重要的政务信息、网站及移动终端应用、公共图书馆、电视节目和影视、电信业务、紧急呼叫系统等应当达到的无障碍标准和要求。

原本打算在《办法》"法律责任"章节中增设"罚则"，但因政府规章不能设置"上位法"未设置的事项，无奈作罢。当时，《中华人民共和国无障碍环境建设法》尚在制订过程中。

（二）修编专项规划，依规管理

"罗马不是一天建成的。"一流城市的发展，从来不是"拔地而起""天马行空"的，而是在坚持规划先行、规划引领的基础上，匠心设计、精雕细琢而成的。杭州的无障碍环境建设也一样。

2004 年，《杭州市无障碍设施建设规划（2004—2008）》出台；2008 年 8月，《杭州市区无障碍设施建设规划》发布，并作为杭州市推进无障碍设施建设的指导性文件，以指导全市无障碍设施的规划、设计、建设、改造和管理。

随着城市化、现代化的快速推进，原有的无障碍设施建设规划难以适应现状要求。杭州市政府将规划修编列入重点目标内容之一，由杭州市规划和自然资源局具体负责修编。

2020 年 11 月 30 日,杭州市政府批复同意《杭州市无障碍环境建设规划》（简称《规划》）。新发布的《规划》吸收了国内外大城市的成功经验，划定了重点区域，构建高于国家标准的"杭州标准"，提出分等级、分城乡、分类型的差异化引导，明确近期目标和远期愿景，统筹安排近、远期无障碍环境要素的整体规划布局，全面提升杭州打造"世界名城"的无障碍环境品质。

划定重点区域、界定规划对象、明确规划目标指标。《规划》划定的研究范围为杭州市域，重点区域为 10 个城区，服务人群为残疾人、老年人、伤病员、孕妇、儿童及其他需要无障碍环境的全体社会成员。规划对象为规划范围内的物质环境无障碍、信息交流无障碍和其他环境无障碍，重点为物质环境无障碍和信息交流无障碍。规划指标明确了各领域无障碍环境建设近远期应达到的目标指标，如下表所示。

重点领域无障碍环境建设近远期指标一览表

范围	领域	近期目标指标	远期目标指标
道路交通设施系统	城市道路	人行道宽度3米以上的城市道路95%以上	人行道宽度3米以上的城市道路100%
	客运枢纽	机场、火车站及一、二级客运站100%，其他等级客运站50%	机场、火车站及一、二级客运站100%，其他等级客运站100%
	公交站点	市、区城区主要线路公交车站、公交首末站、枢纽站100%，乡镇30%	市、区城区主要线路公交车站、公交首末站、枢纽站100%，乡镇50%
	轨道站点	100%	100%
	客运码头	40%	80%
道路交通设施系统	公共停车场	50个停车位（含）以下无障碍车位不少于2个，不足25个停车位时可设1个；50～300（含）个停车位之间无障碍车位不少于5个；300～500（含）个停车位之间无障碍车位不少于8个；500个停车位以上无障碍车位不少于2%	50个停车位（含）以下无障碍车位不少于2个，不足25个停车位时可设1个；50～300（含）个停车位之间无障碍车位不少于5个；300～500（含）个停车位之间无障碍车位不少于8个；500个停车位以上无障碍车位不少于2%
公共服务设施系统	行政办公建筑	省、市、区级100%，乡镇级30%	省、市、区级100%，乡镇级100%
	商业金融建筑	各银行分行、电信局、邮政支局、四星以上宾馆酒店100%	各银行分行、电信局、邮政支局、四星以上宾馆酒店100%
	教育建筑	特殊教育学校相关类别70%，其他学校40%	特殊教育学校相关类别90%，其他学校80%
	医疗建筑	三甲医院及社区卫生服务中心100%，其他50%	三甲医院及社区卫生服务中心100%，其他80%
	体育建筑	省、市、区级100%	省、市、区级100%
	文化设施建筑	省、市、区级100%，乡镇级30%	省、市、区级100%，乡镇级50%以上
	社会福利设施建筑	省、市、区级公办设施90%	省、市、区级公办设施100%

续表

范围	领域	近期目标指标	远期目标指标
公共服务设施系统	公共厕所	四星以上城市公共厕所及3A级旅游厕所100%，其他公共厕所80%以上	四星以上城市公共厕所及3A级旅游厕所100%，其他公共厕所100%
	公园广场及旅游景区	4A以上景区100%，公园广场30%	4A以上景区100%，公园广场80%以上
居住	居住区	无障碍社区、未来社区100%，列入改造名单的老旧小区100%	无障碍社区、未来社区100%，列入改造名单的老旧小区100%
信息交流	网站	省、市、区政府100%，与市民联系密切部门100%	省、市、区政府100%，与市民联系密切部门100%
	手语	电视台手语新闻节目100%，公共服务场所的手语服务50%	电视台手语新闻节目100%，公共服务场所的手语服务100%
	公共服务电子设备	省、市、区级公共服务中心100%，其他公共服务场所30%以上	省、市、区级公共服务中心100%，其他公共服务场所80%以上
	无障碍数字驾驶舱	80%以上	100%
	无障碍导航地图	100%	100%
设施设备	地铁车辆	100%	100%
	公交车	10米以上车辆80%	10米以上车辆100%
	出租车	提供无障碍服务	提供无障碍服务
	无障碍旅游大巴	提供无障碍服务	提供无障碍服务
	水上巴士	提供无障碍服务	提供无障碍服务
	客船	2艘	10艘

分级划定重点区域，差异化确定无障碍环境建设"杭州规划标准"。划定一类、二类、三类三个重点区域，制定三类区域和轮椅坡道、无障碍厕所、低位服务设施、过街音响提示装置、盲文站牌或语音提示服务设施等14个方面的无障碍环境建设"杭州标准"方案，明确各地区无障碍建设除了满足国标基础外，还应符合项目所在地所属分类区域的要求，部分要求如下表所示。

三类区域无障碍环境建设"杭州标准"方案

设施	一类重点区域	二类重点区域	三类重点区域
缘石坡道	全宽式单面坡缘石坡道的坡度不应大于1:20；三面坡缘石坡道正面及侧面的坡度不应大于1:14；其他形式的缘石坡道的坡度均不应大于1:14	全宽式单面坡缘石坡道的坡度不应大于1:20；三面坡缘石坡道正面及侧面的坡度不应大于1:12；其他形式的缘石坡道的坡度均不应大于1:12	全宽式单面坡缘石坡道的坡度不应大于1:20；三面坡缘石坡道正面及侧面的坡度不应大于1:12；其他形式的缘石坡道的坡度均不应大于1:12
盲道	宽度4米以上人行道应设置宽度250~500毫米的行进盲道；宽度3~4米人行道应设置宽度不小于250毫米的行进盲道	宽度4米以上人行道应设置宽度250~500毫米的行进盲道；宽度3~4米人行道应设置宽度不小于250毫米的行进盲道	宽度4米以上人行道宜设置宽度250~500毫米的行进盲道；宽度3~4米人行道宜设置宽度不小于250毫米的行进盲道
无障碍出入口	建筑入口平台最小深度应符合：大、中型公共建筑大于等于2米；小型公共建筑大于等于1.5米；中、高层建筑、公寓建筑大于等于2米；多、低层住宅、公寓建筑大于等于1.5米；无障碍宿舍建筑大于等于1.5米	建筑入口平台最小深度应符合：大、中型公共建筑大于等于2米；小型公共建筑大于等于1.5米；中、高层建筑、公寓建筑大于等于2米；多、低层住宅、公寓建筑大于等于1.5米；无障碍宿舍建筑大于等于1.5米	建筑入口平台深度不应小于1.5米。
	平坡出入口的地面坡度不应大于1:50	平坡出入口的地面坡度不应大于1:30，当场地条件比较好时，不宜大于1:50	平坡出入口的地面坡度不应大于1:20，当场地条件比较好时，不宜大于1:30
轮椅坡道	轮椅坡道的净宽度不应小于1.2米	轮椅坡道的净宽度不应小于1米	轮椅坡道的净宽度不应小于1米
	轮椅坡道的横向坡度不应大于1:50（2%），纵向坡度不宜大于1:20（5%），不应大于1:12，每段坡道的水平长度不应大于9米	轮椅坡道的横向坡度不应大于1:50（2%），纵向坡度不宜大于1:20（5%），不应大于1:12，每段坡道的水平长度不应大于9米	轮椅坡道的横向坡度不应大于1:50（2%），纵向坡度不宜大于1:20（5%），不应大于1:12；最低应符合以下标准：坡度为1:8时，最大高度为0.3米，水平长度为2.4米
无障碍通道、门	自动门开启后通行净宽度不应小于1米；平开门、推拉门、折叠门开启后的通行净宽不应小于850毫米，不宜小于950毫米	自动门开启后通行净宽度不应小于1米；平开门、推拉门、折叠门开启后的通行净宽不应小于850毫米，不宜小于950毫米	自动门开启后通行净宽度不应小于1米；平开门、推拉门、折叠门开启后的通行净宽度不应小于800毫米，有条件时，不宜小于900毫米

设施	一类重点区域	二类重点区域	三类重点区域
无障碍电梯、升降平台	无障碍电梯的候梯厅深度应大于或等于1.8米	无障碍电梯的候梯厅深度应大于或等于1.8米	无障碍电梯的候梯厅深度不宜小于1.5米,公共建筑及设置病床梯的候梯厅深度不宜小于1.8米
无障碍电梯、升降平台	无障碍电梯轿门开启后的净宽不应小于850毫米;安装在公共空间和体育场馆和设施的电梯,轿门净宽不应小于950毫米	无障碍电梯轿门开启后的净宽不应小于850毫米;安装在公共空间和体育场馆和设施的电梯,轿门净宽不应小于900毫米	无障碍电梯轿门开启的净宽度不应小于800毫米
	轿厢的净空间尺寸不应小于1.7米×1.5米;在人流量较多的公共场所如体育运动场馆、亚运村住宅或娱乐设施设置的电梯,电梯轿厢的尺寸不应小2.1米×1.5米。医疗建筑与老人建筑宜选用病床专用电梯	轿厢的净空间尺寸不应小于1.7米×1.5米;在条件受限时不应小于1.6米×1.4米;医疗建筑与老人建筑宜选用病床专用电梯	轿厢的净空间尺寸不应小于1.6米×1.4米;在条件受限时不应小于1.4米x1.1米;医疗建筑与老人建筑宜选用病床专用电梯
无障碍厕位	净空间尺寸应做到2.2米×1.8米,条件受限时不应小于1.8米×1.5米	净空间尺寸应做到2.0米×1.5米,不应小于1.8米×1.0米	净空间尺寸宜做到2.0米×1.5米,不应小于1.8米×1.0米
无障碍厕所	每组男、女公共卫生间附近,必须设置1个无性别的无障碍卫生间	每组男、女公共卫生间附近,应设置1个无性别的无障碍卫生间	每组男、女公共卫生间附近,宜设置1个无性别的无障碍卫生间
无障碍客房	旅馆等商业服务建筑应设置无障碍客房,其数量应符合下列规定:100间以下,应设1~2间无障碍客房;100~400间,应设2~4间无障碍客房;400间以上,应至少设4间无障碍客房(国标)	旅馆等商业服务建筑应设置无障碍客房,其数量应符合下列规定:100间以下,应设1~2间无障碍客房;100~400间,应设2~4间无障碍客房;400间以上,应至少设4间无障碍客房	旅馆等商业服务建筑应设置无障碍客房,其数量应符合下列规定:100间以下,应设1~2间无障碍客房;100~400间,应设2~4间无障碍客房;400间以上,应至少设4间无障碍客房
	客房内的入口及床前过道不应小于1500毫米,床的净距不应小于1200毫米。客房内轮椅回转直径不小于1.5米	客房内的入口及床前过道不应小于1500毫米,床的净距不应小于1200毫米。客房内轮椅回转直径不小于1.5米	客房内轮椅回转直径不小于1.2米

续表

设施	一类重点区域	二类重点区域	三类重点区域
轮椅席位	每个轮椅席位的占地面积不应小于1.3米×0.8米	每个轮椅席位的占地面积不应小于1.1米×0.8米	每个轮椅席位的占地面积不应小于1.1米×0.8米
	每个轮椅席位身后的通道宽度不应小于1米	每个轮椅席位身后的通道宽度不应小于1米	每个轮椅席位身后的通道宽度不应小于1米
	在轮椅席位旁应设置1：1的陪同席位；陪同或礼遇座席区占地面积不应小于1.3米×0.5米	在轮椅席位旁或在邻近的观众席内宜设置1：1的陪护席位	在轮椅席位旁或在邻近的观众席内宜设置1：1的陪护席位
无障碍机动车停车位	当停车位数小于等于50辆时，无障碍停车位不应少于2个，不足25辆时可设1个；当停车位数大于50辆且小于等于300辆时，无障碍停车位不应少于5个；当停车位数大于300辆且小于等于500辆时，无障碍停车位不应少于8个；当停车位数大于500辆时，无障碍停车位不应少于总停车位数的2%	当停车位数小于等于50辆时，无障碍停车位不应少于2个，不足25辆时可设1个；当停车位数大于50辆且小于等于300辆时，无障碍停车位不应少于5个；当停车位数大于300辆且小于等于500辆时，无障碍停车位不应少于8个；当停车位数大于500辆时，无障碍停车位不应少于总停车位数的2%	当停车位数小于等于50辆时，无障碍停车位不应少于2个，不足25辆时可设1个；当停车位数大于50辆且小于等于300辆时，无障碍停车位不应少于5个；当停车位数大于300辆且小于等于500辆时，无障碍停车位不应少于8个；当停车位数大于500辆时，无障碍停车位不应少于总停车位数的2%
低位服务设施	低位服务设施长度大于等于1米	低位服务设施长度大于等于1米	低位服务设施长度大于等于1米
过街音响提示装置	人行横道上应配置	人行横道上应配置	人行横道上宜配置
盲文站牌或语音提示服务设施	公交车站应配置	公交车站应配置	公交车站宜配置

　　明确重点领域规划，提出建设指引与指标。围绕迎亚（残）运会无障碍环境建设"三年行动计划"和杭州市人大专项监督的重点范围要求，开展道路交通设施、公共服务设施、居住、信息交流、无障碍标识、无障碍服务等六大重点领域规划，提出各个领域的无障碍设施建设改造指引、实施重点和

规划指标，尤其是对信息交流、无障碍标识、无障碍服务三个方面的创新突破。

（1）信息交流：实现网络信息（政府网站、社会公众网站、网络交流平台与工具）、公共服务信息（政府服务大厅、社会公共服务重要窗口、机场、火车站和大型会议场所）、信息无障碍公益服务（阅读服务、电脑与网络培训服务、手语培训与推广服务、影视与文艺活动信息服务）、信息交流无障碍公共服务平台（网络信息资源服务模块、信息交流综合通信服务模块、导航地图模块、"杭州无障碍环境"数字驾驶舱模块）、信息交流无障碍技术研发与产品应用、信息无障碍制度和标准等六方面突破。

（2）无障碍标识：明确盲文地图、盲文铭牌、盲文站牌、过街音响信号装置、无障碍标志等五类设施的设置范围。

（3）无障碍服务：明确交通服务与通行、公共服务、旅游、社区、应急场所、乡村、其他等七方面无障碍服务。

（三）制定建设标准，依标建设

2020 年 12 月 1 日，《杭州市无障碍环境融合设计指南（试行）》（简称《指南》）正式施行。

《指南》是杭州市建委根据《杭州市"迎亚（残）运"无障碍环境建设行动计划（2020—2022 年）》有关要求，以"消除障碍、融合共享"为理念，从引导提升城市环境"细节""品质"方面，指引无障碍环境建设的"杭州标准"。

（1）坚持与国际接轨，达到国内先进水平：参考北京、上海、深圳等城市的无障碍设计标准和导则经验，吸收美国、日本、奥组委相关无障碍设计标准的优点，做到高站位与灵活性并重。针对杭州市原有无障碍系统性不足问题，提出"无障碍路线"概念，意在提高无障碍环境系统性及无障碍设施利用效率，进一步改善城市宜居品质和人居环境。例如，《指南》附录A、附录B的无障碍设计专篇中要求在总平面的交通分析图中，增设无障碍路线。

●建筑类无障碍路线：①从入口广场到建筑出入口；②从无障碍停车场到建筑出入口；③建筑无障碍出入口至各层主要活动空间及各类无障碍设施的线路。

●市政类无障碍路线：①道路、桥梁、隧道、立体交叉的人行道与周边建筑的无障碍衔接；②过街天桥、人行地道与地面道路的无障碍衔接。

（2）推进无障碍建设的全龄化、复合度和连续性：《指南》结合杭州地域特色，强调无障碍环境建设的融合特质，追求无障碍设计的全龄化、复合度和连续性；强调无障碍环境设计应与城市设计、场地设计、建筑设计、室内设计、标识设计和器具设计相结合，提升城市整体环境品质，方便群众生活。《指南》对杭州市域范围内新建的城市道路、城市广场、绿地、公共建筑、居住区、居住建筑、工业建筑以及村镇社区的无障碍环境设计提出了指导和要求。为充分考虑实用性，《指南》给出了具体的要求，如救助呼叫按钮的安装位置、无障碍洗手盆安全抓杆的尺寸与位置等，且图文并茂，节点大样图、空间表现图一目了然，便于设计具体落实与执行。

（3）给出了公共建筑和场所信息无障碍设计要求：以人为本，倡导中华民族优秀文化传统中天下为公的大同理念，描绘、架构让视障"看"得见，让听障"听"得见的蓝图。

宜对公共建筑室内外公共区域进行数字化处理，形成与随身电子设备（手机）相结合的交互标识设施，以满足残障人士安全精准导航的要求。

智慧公交系统宜结合当地公交行业信息化成果，共享公交行业基础数据和公交运行状态信息资源，构建人、车、路协同，精准、个性化地建立所有残障人士公交助乘系统，实现人与公交车、公交站点与场站设施的互联互动。

三、 全市域统筹推进

（一）应改尽改"减存量"

无障碍环境建设的第一步，就是解决现有无障碍环境存在的各种问题。

当务之急就是解决 2019 年杭州市残联委托第三方排查出的 5.7 万余个既有建筑和场所的无障碍问题。

这些问题怎么改？如果完全按照国家规范标准改，那么不少问题会受现场条件限制而无法整改，或者需要投入巨资、大动干戈、整体翻建。能否结合现场条件，找到一种"投入"与"产出"最大公约数的平衡之法？杭州市、区两级无障碍办工作人员边推进、边摸索，在充分征求无障碍专家和残障人士意见、建议的基础上，2020 年 12 月 10 日，杭州市无障碍办印发《杭州市无障碍环境改造标准指导意见》（简称《指导意见》），对无障碍环境存量问题的整改给出了统一标准。

《指导意见》明确了改造范围，即对建筑物、交通设施、公共场所等，规定了不同设施的改造标准。

标准共有 14 项，包括缘石坡道、盲道、无障碍出入口、轮椅坡道、无障碍通道、无障碍门、无障碍电梯、扶手、公共厕所、无障碍厕所、无障碍客房、无障碍机动车停车位、低位服务设施、无障碍标识系统。并要求采用人性化、智能化的设计。

●受场地限制，缘石坡道侧面坡度标准可适当放宽，但不宜大于 1∶8；缘石坡道处有电力、弱电等各类产权井盖及其他障碍物导致无法按标准将坡度做到 1∶20 或 1∶12 的，可调整最大坡度不宜大于 1∶8。

●行进盲道触感条尺寸不符合标准的，可暂时不改；如新建、改建，则必须按照规范执行。

●现有轮椅坡道中间休息平台水平长度达到1.20米的，可暂不整改，但新建、改建项目轮椅坡道起点、终点和中间休息平台的水平长度应大于等于1.50米。

●已有的鹅卵石及凹、凸面石板铺装路面可不整改。

●现有无障碍电梯候梯厅内，最高电梯按钮离地不高于1.40米的，可暂不整改。

●现有无障碍电梯为透明玻璃观光电梯的，可不安装镜子。

●视障人士使用频率较高的建筑等，无障碍电梯出、入口处宜设提示盲道，其他建筑可不设置。

●根据《无障碍设计图集》，台式无障碍洗手盆可不设安全抓杆。

●金融系统存量的低位服务设施，因涉及安保问题，故对容膝空间的深度可放宽要求。

●对银行自助取款机等低位服务设备，暂不作整改要求。

（二）创新机制"控增量"

不能一边建设，一边产生新的"障碍"。

杭州市在大力整改现有无障碍问题的同时，严格要求在新的城市建设过程中，不能产生新的"增量"。新（改、扩）建项目无障碍环境建设质量是否合格，直接涉及全市无障碍环境建设行动的成功与否。只有新建项目实现"零增长"，"减存量"才有终点。

1.严把"设计关"和"审批关"

《杭州市无障碍环境融合设计指南（试行）》分别设置了房建类和市政类建设项目的无障碍设计专篇模板、无障碍设计审查要点，从设计依据、设计类别、无障碍设计等内容进行规范，为设计和施工图强审提供依托。杭州市建委印发《关于进一步做好建设项目无障碍环境设计工作的通知》，要求设计单位、施工图强审单位严格执行国家规范和《杭州市无障碍环境融合设计指南（试行）》要求，切实提高无障碍设计图纸的规范性、系统性和审查的操作性，如下表所示。

无障碍设计审查要点（房建类）

序号	审查要点	具体内容	结果
1	设计依据	《无障碍设计规范》（GB 50763—2012）； 其他现行国家、地方的标准和规范及相关文件	□有□无
2	设计类别	根据规划的要求，明确项目的无障碍分类	□有□无
3	无障碍设计强条	垂直升降平台的基坑应采用防止误入的安全防护措施	□是□否 □不涉及
		垂直升降平台的传送装置应有可靠的安全防护装置	□是□否 □不涉及
		人行天桥桥下的三角区净空高度小于2.00米时，应安装防护设施，并在防护设施外设置提示盲道	□是□否 □不涉及
		在地形险要的地段应设置安全防护设施和安全警示线	□是□否 □不涉及
		危险地段应设置必要的警示、提示标识及安全警示线	□是□否 □不涉及
		建筑内设有电梯时，至少应设置1部无障碍电梯	□是□否 □不涉及
4	无障碍设施配建设计（若有）	无障碍车位	□有□无
		无障碍住房、客房、宿舍	□有□无
		轮椅座席（看台、餐厅、观众厅、教室）	□有□无
5	室外场地	室外无障碍路线（从入口广场到建筑出入口、从无障碍停车场到建筑出入口、视觉减速避让提示）	□有□无
		无障碍出入口及室外无障碍设施	□有□无
		园区无障碍车位及导示	□有□无
		无障碍补充照明的设置	□有□无

续表

序号	审查要点	具体内容	结果
6	建筑设计	室内无障碍路线（建筑无障碍出入口至各层主要活动空间及各类无障碍设施的线路）	□有□无
		无障碍卫生间、无障碍厕位、洗浴更衣设施、客房及住房	□有□无
		无障碍楼、电梯间	□有□无
		无障碍服务柜台、咨询台	□有□无
		室内无障碍车位	□有□无
7	信息无障碍	无障碍求助设施（包括救助呼叫按钮、声光报警器等）	□有□无

无障碍设计审查要点（市政类）

序号	审查要点	具体内容	结果
1	设计依据	《无障碍设计规范》（GB 50763—2012）；其他现行国家、地方的标准和规范及相关文件	□有□无
2	设计类别	根据上位规划，确定项目的无障碍分类	□有□无
3	无障碍设计强条	垂直升降平台的基坑应采用防止误入的安全防护措施	□是□否 □不涉及
		垂直升降平台的传送装置应有可靠的安全防护装置	□是□否 □不涉及
		人行天桥桥下的三角区净空高度小于2.00米时，应安装防护设施，并在防护设施外设置提示盲道	□是□否 □不涉及
		在地形险要的地段应设置安全防护设施和安全警示线	□是□否 □不涉及
		危险地段应设置必要的警示、提示标识及安全警示线	□是□否 □不涉及
		建筑内设有电梯时，至少应设置1部无障碍电梯	□是□否 □不涉及
4	无障碍设施配建设计（若有）		□有□无
5	场地设计	道路无障碍路线（与周边建筑的无障碍衔接，过街天桥、地道与地面道路的无障碍衔接）	□有□无
		缘石坡道	□有□无
		盲道	□有□无

序号	审查要点	具体内容	结果
5	场地设计	道路坡度	□有□无
		路口设置	□有□无
		公交车站无障碍设计	□有□无
		过街天桥、人行地道的安全防护措施	□有□无
		无障碍补充照明的设置	□有□无
		公共厕所	□有□无
6	信息无障碍	无障碍求助设施（包括触摸及音响一体化信息服务设施等）	□有□无

2. 严把"施工关"和"验收关"

杭州市质安监总站下发《关于加强无障碍设施建设管理工作的通知》，强化施工和验收两方面管理。

施工过程管理做到"三个要"，即监督交底时，要明确无障碍设施施工有关要求；施工中，要严格按照批准的施工图设计文件和施工规范进行；日常监督过程中，要加强无障碍设施施工的监督管理。

验收要做到"两个应"，即建设单位应当同时验收配套建设的无障碍设施，并填写《无障碍设施工程专项验收记录》，存入工程竣工档案；监督机构应监督无障碍验收情况，并在《质量监督报告》和《竣工验收监督记录》中体现责任主体对无障碍设施的验收结论。

3. 严把"体验关"和"整改关"

无障碍设施建设的优劣，使用者最有发言权。杭州市建委和杭州市残联联合印发《关于做好无障碍环境试用体验和验收的通知》，开展无障碍环境验收前试用体验。

新建公共服务场所项目在竣工验收前，建设单位牵头邀请残联组织残障人士技术专家代表试用体验无障碍设施，听取对无障碍设施建设情况的意见建议。

残障人士专家试用体验后，出具《无障碍环境试用体验报告》；建设单位对试用体验的相关意见和建议进行整改，整改落实情况反馈残联部门。

建设行政主管部门（质量监督机构）要督促建设单位组织开展无障碍环境试用体验活动，及时跟踪掌握试用体验意见建议的整改落实情况。对违反无障碍环境建设有关法律法规和强制性标准行为进行处理。

4. 严把老旧小区综合改造"重点项目关"

老旧小区因建设时间早、标准低，多数存在无障碍设施短缺、破损现象，加之部分老旧小区残障人士较多。杭州市建委尤其重视无障碍设施和适老化设施建设，因此印发了《关于进一步结合老旧小区综合改造提升无障碍设施建设的通知》，从思想认识、方案设计、环节把控、过程管理、竣工验收、总结完善等方面提出要求，遵循"易识别、易到达、无障碍、保安全"原则，注重老旧小区道路、人行通道、小区出入口、单元门出入口、公园绿地及相关公共场所无障碍设施提升改造，更好地满足了残疾人、老年人对美好生活的需要。

（三）走在前列"补短板"

无障碍环境体验
——临安区"青小服"

在数字化进程快速推进和老龄化持续加速的背景下，信息交流无障碍已成为无障碍环境建设的短板和重点。

信息交流无障碍是指任何人，无论是健全人还是残障人，无论是年轻人还是老年人，在任何情况下都能平等地、方便地、无障碍地获取信息、利用信息。

2020年9月，工业和信息化部、中国残联联合下发了《关于推进信息无障碍的指导意见》，帮助任何人在任何情况下都能平等地、方便地、无障碍地获取信息、利用信息。杭州市无障碍办对照该文件要求，认真研究，并与相关部门对接落实。

杭州市数据资源局牵头制定《杭州市信息交流无障碍工作方案》，明确了杭州市政府、13 个区、县（市）和西湖风景名胜区管委会、32 个市级部门的门户信息交流无障碍改造任务，制订了信息交流无障碍公共服务平台搭建、办事服务大厅改造、公众号无障碍改造等工作计划。按照该工作方案，2021 年 1 至 6 月为启动改造、督促落实阶段；2021 年 6 至 12 月为验收评估、查漏补缺阶段。

根据 2021 年杭州市本级政府投资信息化建设项目计划，杭州市数据资源局启动市信息交流无障碍公共服务平台搭建，依托"城市大脑"，采用"天地图"平台，连接杭州市公交、地铁、出租车等公共交通资源、无障碍设施资源以及其他社会资源，以手机 App、智能终端、信息显示屏为载体，为残障人士提供无障碍基于位置服务（location based service，LBS），促进无障碍设施资源的有效使用，为残障人士提供基于现有硬件设施条件下的个性化出行服务，帮助残疾人、老年人等群体走出家门，平等参与社会生活。

针对当时公共场所信息无障碍设施建设标准不健全等实际情况，2021 年 5 月 14 日，杭州市无障碍办以办事服务大厅、公共场所等为突破口，制定了《杭州市公共场所信息无障碍建设指导意见》《杭州市办事服务大厅信息交流无障碍改造工作意见》，通过提供手语翻译、字幕提示、语音播报、盲文提示等各类服务，推动公共服务场所信息无障碍环境建设，填补了相关领域的空白。

杭州市公共场所信息无障碍建设的实施内容分为如下几类。

（一）手语翻译服务

1.培训人员或配备手语翻译系统。培训窗口工作人员学习手语，达到与听障人士简单沟通的水平或配备远程视频手语翻译服务。

2. 培训人员取得资格证书或聘请专业手语翻译。培训窗口工作人员学会手语，具备手语资格证书，达到与听障人士顺畅沟通的水平或聘请专业手语翻译。

（二）文字提示服务

1. 各项公共服务内容要有简洁、明了的纸质文字说明资料，供听障人士、年长者等有需要的各类人士获取。有条件的可为视障人士配备盲文版本。

2. 各项公共服务内容的文字说明支持手机等智能设备扫码获取的方式，供听障人士、年长者和视障人士获取。（视障人士使用手机扫码获取电子稿后，可以利用读屏软件听取相应信息内容）

3. 配备信息显示大屏供有需要的各类人士快捷获取信息。

（三）语音提示服务

1. 为视力障碍等有需要的人士提供人工无障碍咨询服务。

2. 为视力障碍等有需要的人士提供语音辅助提示设备。例如，"最多跑一次"办事机、取号机、打印报告机、为公共服务的办事电脑等，每种至少有1台应安装读屏软件，相应设备的操作系统和办事软件需支持读屏软件。

3. 无障碍电梯要具备报层音响功能，有条件的所有电梯均配置报层音响功能。

4. 城市中心区、亚（残）运会场馆周边及视觉障碍者集中区域的人行横道，应配置过街音响提示装置。设备选型应综合考虑对周边居民的影响。

5. 在公共服务场所显著位置提供语音咨询机器人，提供互动式问答服务、语音讲解服务。

6. 提供各类语音文字互转设备等（如阅读眼镜、实时语音翻译文字设备）。

7. 在无障碍卫生间内部设置语音提示装置，帮助视障人士了解卫生间内各设施所在位置。

（四）视觉辅助服务

1.特殊场所如图书馆等为视力障碍人士提供电子阅读助视器、阅读眼镜、读屏软硬件等智慧无障碍信息设备。

2.重要标牌提供盲文铭牌，重要资料提供盲文版本。

3.公共卫生间门口设置盲文导览平面图，视障人士通过触摸可以了解男女卫生间所在方位及卫生间内各设施的位置。

（五）无障碍导示系统

1.按照《无障碍设计规范》设置无障碍标识系统，无障碍标志纳入建筑内部的引导标志系统，能清楚地指明无障碍设施的走向及位置。

2.涉及排队办理业务的公共服务机构要配备叫号系统，系统应具备语音播报、字幕提示功能，应为残障人士、老年人提供带有震动提示功能的终端设备。

3.公共服务场所主入口或大厅处应设置盲文导视地图，即总平图，图上内容应有相应盲文标签。

4.办事服务大厅、医院等特殊场所提供室内定位导航服务，通过动画、文字、语音等多种信息提示方式为听障人士、视障人群、社会公众提供室内导航服务。

四、 全优化行业范本

（一）市政设施无障碍改善意见

1.市政道路较窄时要不要设盲道？

2022年4月，有市民向浙江电视台经视频道反映：杭州的文三路在道路提升改造后，盲道居然消失了。记者对此进行了采访，由此引发了市民和无障碍工作人员对以上话题的广泛讨论。文三路改造建设单位工作人员在接受媒体采访时表示，"文三路从莫干山路到古翠路这段，确实没有设置盲道，因为原始道路宽窄不一，宽度在 0.8 米到 3.0 米之间，所以他们依据杭州市建委 2020 年发布的《杭州市无障碍环境融合设计指南（试行）》，其中 4.1.5 条明确'当人行道宽度不大于 3 米时，可不设行进盲道'；如果设置盲道，因为整个人行道宽窄不一，届时很难做到连续设置"。

之后，杭州市信访局组织杭州市区两级残联、杭州市建委、杭州市城管局等部门召开了现场办公会议，最终在充分考虑市民需求的前提下，要求建设施工单位将盲道补充上去。

为此，2022 年 8 月 23 日，杭州市建委发出《关于明确市政道路初步设计审批涉及盲道设置相关工作要求的通知》，对杭州市范围内新建、改建市政道路初步设计审批中涉及盲道设置的相关工作作出如下明确要求。

一、要求各市政道路审批单位在初步设计批复意见中明确盲道的设置与否。

二、当人行道通行净宽不足 1.5 米时，可不设行进盲道。

三、当人行道通行净宽不足 1.5 米但存在以下情况时，也应设置行进盲道：

1. 对于改建道路，如改建前布设有行进盲道，原则上改建后仍然设置行进盲道；

2. 如一条道路两端均设置有盲道，位于中间的路段即使人行道的通行净宽小于 1.5 米，也应设置行进盲道；

3. 道路节点断面发生变化（如设置公交港湾站）导致的局部路段人行道通行净宽小于 1.5 米，也应设置行进盲道以保证连续性。

目前，杭州市的盲道主要按照"应设尽设"的原则进行设置。

2. 当行进盲道遇到检查井盖怎么办？

最好的办法当然是将井盖做成下沉式，把行进盲道连贯地铺设过去。但既有道路无障碍改造时，不是对全部井盖进行改造提升，那行进盲道该如何设置呢？是绕过还是断开？经反复征求意见和研究讨论，市城管局决定采用紧贴检查井盖设置提示盲道的方法，既回避了让盲人多拐弯、多走路的"迷惑"，又避免了距离检查井 30 厘米处断开，给人看似盲道不连贯的弊端。

3. 公交站台缘石坡道怎么建？

2022 年 4 月，全文为强制性条文的《建筑与市政工程无障碍通用规范》（GB 55019—2021）开始施行，规定缘石坡道顶端处应留有不小于 90 厘米的过渡空间。杭州不少公交站点站台宽度小于 2.7 米，受该条规定影响，公交站点缘石坡道只能做成全宽式缘石坡道，但又如何处理坡道与机动车道界面的关系呢？

2022 年 8 月，有市民在《都市快报》橙柿互动的橙友圈栏目的吐槽求助论坛发帖：缘石坡道和机动车道间设置了高 15 厘米的马路牙子，造成市民下车时摔倒。

起初是为了防止公交车冲上公交车站台以及轮椅冲到机动车道而设置了马路牙子。到底该怎么设置才能更合理？

杭州市无障碍办会同杭州市建委、杭州市城管局、杭州市交通局、杭州市公安局交警支队、杭州市残联、杭州市无障碍促进会、杭州市公交集团等单位进行研究讨论。最后达成不设马路牙子的共识，并将

此写入《杭州市市政设施无障碍环境提升改善工作指南》。

（二）卫健系统无障碍行业导则

2022 年 10 月，杭州市卫健委组织编制的《杭州市卫生健康系统无障碍导则（试行）》（简称《导则》）公布，填补了国内医疗系统无障碍导则的空白。

《导则》对新（改、扩）建医疗场所的通行、诊疗、医技、住院、专科、工作、休憩场所的设施、信息、服务等方面的无障碍环境建设进行了详细阐述，包括基础概况、医疗场景、数智服务、要素图解、建设实例等，旨在指导医疗卫生机构在无障碍硬件建设、软件建设和辅助设施建设等多个维度下构建全方位、立体化、人性化的无障碍服务设施，为保障老年人、孕妇、儿童、残疾人等社会特需群体就医和出行提供必要准则。

《导则》从服务需求、线上服务、导引导诊、终端设备、信息交流、标识系统、辅具服务等方面，以图文并茂的方式阐释了如何利用信息技术和服务帮助行动、听力语言、视力障碍等群体顺畅就医。

《导则》还根据最新国家标准，结合各医院调研情况，制定

了具体要求，利用条文条款、条文说明、立体（平面）尺寸图详细说明缘石坡道、盲道、无障碍出入口、轮椅坡道、无障碍通道、门、楼梯台阶及自动扶梯、无障碍电梯、无障碍厕所、无障碍病房、轮椅席位、低位服务设施、无障碍停车位等常见无障碍设施的建设要求。

（三）杭州地铁无障碍企业标准

2021 年 1 月 15 日，杭州市地铁集团在《无障碍设计规范》（GB 50763—2012）和《城市轨道交通无障碍设施设计规程》（DB 11/690—2016）相关要求的前提下，结合杭州地铁建设中的无障碍设计需求，发布实施了《杭州地铁无障碍设施设计规程》（以下简称《规程》），《规程》提出了 70 余条标准内容，旨在全面推进杭州地铁无障碍标准化建设与环境品质提升。《规程》总结了存量问题整改的经验。

（1）专门开展客服中心低位票亭改造，在付费区和非付费区各增设 1 处低位服务窗口，满足 1.5 米轮椅回转空间。

（2）组织属地车站对轮椅坡道的坡度、宽度、休息平台长度、安全挡台、双层扶手等逐一进行复核、整改、验收。

（3）开展自主设计和自主改造，对设计图纸进行多轮复核，并对无障碍卫生间等重点设施提前定点标记，推进完成既有线全部无障碍卫生间内部服务设施整改。全线网每个车站、每处卫生间，全部改设为电动平移门，实现了一键智能开关门。卫生间内的镜子全部设置成斜面镜，镜身要求不低于 1 米，以确保轮椅使用者方便使用。

（4）规范盲道的设置，要求距无障碍电梯门（含护栏）300毫米处应设提示盲道。提示盲道设置不少于4块提示盲道，且应整块设置，同时盲道应覆盖梯门宽度并延伸至按钮处，形成引导。

（5）设置无障碍绿色通道。从无障碍垂梯至站台等候列车时，最短的那条路径就是无障碍绿色通道，一般无障碍绿色通道都在无障碍电梯附近。在标识上，杭州地铁也用绿色的标识来呈现，引导无障碍人士在绿色通道等候排队。

（6）增设无障碍电梯。电梯内，轿厢的侧壁上设有高0.9～1.1米带盲文的选层按钮，全部统一使用中文盲文，辐射更广泛的无障碍群体使用电梯。在城站地铁站，其中一个出入口由于无法直接加装无障碍垂梯，因此增设了轮椅升降台，以便有需要的乘客使用。

（7）积极引入新技术改善听障人士的乘坐体验。19号线机场轨道快线车

厢内配有音频环路助听装置，音频感应环路可驱动器输出音频感应磁场，让广播声音转变为磁场感应，被带磁线圈的助听耳麦接收，实现助听功能，帮助助听器用户听清楚广播和报站。

杭州地铁盲文"会说话"，无障碍标识特别细致、特别贴心。

《规程》做了如下规定：

5.2 盲文

5.2.1 盲文使用范围：出入口及站厅站台楼梯栏杆扶手的起终点处、垂直电梯的按钮处、无障碍卫生间电动平移门按钮处。

5.2.2 盲文设置原则：

a）出入口楼梯不锈钢扶手盲文应统一体现所在出入口编号和所在楼层

信息；站厅到站台楼梯扶手应体现所在楼层信息（如 -1、-2 等）；

b）盲文标志应距扶手端部 100～150 毫米；

c）以上部位盲文根据具体表达内容采用中文拼音翻译设置。

5.2.3 盲文应符合现行国家标准《中国盲文》（GB/T 15720—2008）的有关规定，盲文方案参照《杭州地铁运营盲文译写清单》（后附）执行。

5.10 无障碍标识

5.10.1 无障碍导向牌按照现行《无障碍设计规范》中的相关要求设置，并符合下列要求：

a）无障碍标志应采用国际通用标志图案，并符合现行国家标准《标志用公共信息图形符号》（GB/T 10001—2021）的有关规定；

b）低位售票窗口、无障碍检票通道、无障碍电梯入口、无障碍车厢门外侧宜设置无障碍标识，轮椅坡道周边宜设置无障碍标识；

c）标识牌对无障碍设施的标识宜明确、直观，轮椅符号和其他符号合设；

d）车站出入口地面亭处应设本站无障碍电梯及卫生间位置的信息。

（四）旅游服务无障碍环境评价

《"十四五"旅游业发展规划》明确规定了应健全无障碍旅游公共服务标准规范，加强老年人、残疾人等便利化旅游设施建设和改造，推动将无障碍旅游内容纳入相关无障碍公共服务政策。

杭州，作为著名旅游城市，诞生了多项无障碍旅游标准。

2018 年，杭州试点全国首项残疾人旅游服务标准《残障人员旅游服务规范》（DB 3301/T 0216—2017），要求旅游部门和旅游企业应协力为残障游客提供旅游过程中所需要的硬件、软件服务，为特定人群编排旅游线路、制定行程单、提供导游服务，涵盖交通、食宿、游览、娱乐、购物中所涉及的各

项无障碍旅游服务。此后，杭州涌现出全国首批无障碍旅游示范旅行社、无障碍旅游服务供应商等。

2022年5月30日起，杭州市文广旅游局牵头编制浙江省杭州市地方标准《旅游无障碍环境评价指标》（DB 3301/T 0362—2022）。该标准提出，旅游无障碍环境评价指标是衡量旅游环境是否适合残疾人和老年人等特需人群参与旅游活动的关键指标。评价指标包括建筑物结构、交通设施、服务设施、信息提示、人员培训等方面，以确保残疾人和老年人等特需人群在旅游过程中得到充分的关注与照顾。通过评价指标的不断完善和落实，旅游业将更好地满足特需人群的需求，促进旅游业的可持续发展。

2022年，《杭州西湖景区无障碍旅游服务标准化试点》项目获得国家级服务业标准化试点立项。该项目为无障碍领域全国首个国家级服务业标准化试点项目。在编制过程中，西湖景区管委会以此为课题，与杭州市无障碍办、中国计量大学紧密合作，多次召开专题推进会，全面推进课题落地。

（五）宾馆饭店无障碍地方标准

2019年12月30日，全国第一个饭店无障碍地方标准——《饭店无障碍设施与服务规范》（DB 3301/T 0300—2019）发布，并于2020年1月30日起实施。这个由杭州市文广旅游局委托浙江旅游职业学院无障碍旅游研究所编制的杭州地方标准规范，充分考虑了残障人士感知以及饭店的业务实际，对饭店无障碍的基本要求、无障碍设施设备、无障碍服务、提升与改进等方面予以了规范。

《饭店无障碍设施与服务规范》的实施，有利于提高杭州饭店企业服务特殊人群的能力，打造一套可推广的饭店无障碍设施与服务标准，进而传播饭店企业的良好形象。

《饭店无障碍设施与服务规范》在杭州市 200 多家饭店宣贯实施，成为亚残运会官方接待饭店的遴选标准。

2022 年 8 月 12 日，杭州市无障碍办、杭州市文广旅游局、杭州市残联印发《杭州市轮椅友好型客房改造标准》，要求受原有格局限制，在营宾馆饭店无法按国家标准改造为标准无障碍客房的，本着"方便适用、残健融合、最小干预"原则，参照北京冬奥会、冬残奥会经验，改造成轮椅友好型客房。

《杭州市轮椅友好型客房改造标准》相关要求如下。

1. 客房门和进入卫生间的门不应采用闭门器，门净宽不应小于 800 毫米，门槛无高差或以斜面过渡，门前应留有轮椅回转的空间。

2. 室内应有面积为 1.20 米×1.20 米的空间供轮椅回转。

3. 床应有一边留出宽度不小于 1.00 米的移动空间。

4. 开关距离地面高度不应大于 1.40 米；当开关高于 1.20 米时，应采用大按钮控制面板，开关上有提示文字时应采用大字体。

5. 应提供一根衣叉杆，用以悬挂和取下衣橱内的衣物；不应在无障碍房间内放置固定的衣挂。

6. 应在客房及卫生间内方便触及的地方设置救助呼叫装置。

7. 洗漱台盆距离地面高度不应大于 850 毫米。

8. 坐便器一边应有移动空间，应配有安装牢固的扶手或辅助器具以供倚靠。

9. 卫生间面积不足，不方便轮椅回转时，淋浴区与洗漱区干湿分离时应采用浴帘等软隔离措施。

10. 淋浴开关距地面高度不应大于 1.20 米，应设置一个手持的喷头，其支架高度距地面高度不应大于 1.20 米。

6. 比赛场馆无障碍建设要求

2020 年 8 月 31 日，杭州亚组委发出《2022 年第 4 届亚残运会竞赛场馆无障碍建设指导意见》，其中对"通行"流线作出如下规定。

（1）通道：①从上下车区到无障碍出入口，从无障碍出入口到各功能区，均应无障碍通行；②当设置的无障碍通道长度大于 60.0 米时，宜设休息区，休息区应避开通行路线；③轮椅通行的室内通道最小净宽不应小于 1.8 米，确实有改造难度的，应在通行路径上设计会车空间，方便轮椅交会通行；④室内外通道地面应平整、防滑，路面相邻处高差不应大于 10.0 毫米。

（2）盲道：①视力残疾运动员和观众的主出入口、无障碍电梯出入口、无障碍楼梯、通道路口、台阶处以及各类自助服务设施处应设提示盲道；②提示盲道色彩应与周边地面形成明显对比。

由于部分比赛场馆在亚运会结束后将继续承担亚残运会比赛任务，杭州亚组委又于 2022 年 8 月发出《关于开展杭州亚运会—亚残运会硬件设施转换的通知》，重点涉及无障碍设施、形象景观（含引导标识）、竞赛场地三部分。

场馆无障碍设施建设是转换期工作的重点。亚残运竞赛场馆运行团队应

根据场馆转换期日程安排来编制转换期方案，落实转换期内需增加和转换的无障碍设施，确保满足运动员、贵宾、观众、媒体（少量）等主要客户群的无障碍需求。

无障碍设施转换原则如下。

1. 亚运会赛前永久无障碍设施应全部安装到位。

2. 临时无障碍设施材料应全部准备到位，并完成试安装工作。

3. 家具采购应同步考虑无障碍客户群需求，避免二次采购。

五、　全行业长效管理

　　良好的城市无障碍环境需要"三分建七分管"。《建筑与市政工程无障碍通用规范》（GB 55019—2021）专门设置了"无障碍设施施工验收和维护"章节，规定了无障碍设施应明确维护责任人，应定期对无障碍设施进行检查维护，确保无障碍设施符合安全性、功能性和系统性要求。杭州市充分利用数字化手段，不断建立健全体制与机制，落实长效管理各项工作。

（一）日常责任，有章可循

　　杭州市于2021年8月发布了《杭州市无障碍环境建设和管理办法》（杭州市人民政府令第328号），明确了无障碍设施的负责人，其中政府投资的建设项目的无障碍设施改造，由其所有权人或者管理人负责；非政府投资的建设项目的无障碍设施改造，由其所有权人负责。无障碍设施的所有权人和管理人，应当对无障碍设施进行保护，有损毁或者有故障的设施应及时进行维修，确保正常使用。任何单位和个人不得损毁、擅自占用无障碍设施或者改变无障碍设施的用途。

（二）数字城管，有查必改

　　数字化城市管理（简称数字城管）是指运用现代信息技术，量化城市管理部件、事件标准，细化管理行为，形成发现、处置和监督城市管理问题的完整闭合系统的方法。2006年，作为在全国试点中首个上线的城市级平台，杭州数字城管创新管理机制，落实"第一时间发现、第一时间处置、第一时间解决"，被住建部誉为数字城管的"杭州模式"。杭州市制定了包括城市运行安全、设施完好、市容秩序等在内的数字城管事件和部件立结案规范，对管理要求、处置标准等进行了动态更新，确保了问题的快速发现和解决。

为强化无障碍长效管理，2022 年，杭州市城管局修订并印发了《杭州市数字化城市管理部件和事件立案结案规范（2022 年修订版）》。城市管理中常见的无障碍问题均被纳入了上述规范，如第三卫生间、无障碍厕位应开放而未开放，无障碍设施（坡道、扶手等）缺失、破损、不牢固、呼叫器失灵；行进盲道末端或转弯处未设置提示盲道，盲道破损、缺失、松动超过 0.1 平方米，设施、物品、车辆等占压盲道或距离盲道不足 25 厘米；路口和人行横道处，有高差时未设置缘石坡道；人行天桥、地道垂直电梯、无障碍升降平台不能正常使用等。

（三）群众参与，有奖举报

2021 年 4 月 28 日，"城市治理有奖举报平台"上线运行，平台以危害公共安全、损害公共利益、侵害公共环境"三公"问题治理为重点，及时跟进城市治理热点、难点问题，涉及举报事项 90 类，涵盖建设、管理、消防、交通等多个行业，实现了与 2497 家单位的无缝连接。杭州市城管局通过按责、限期处置的方式，有效解决了市民关注的城市治理问题。市民发现相关治理问题可以通过浙里办、杭州城市大脑、支付宝等小程序，搜索"城市治理有奖举报"，以图、文、视频的方式进行举报。市民举报成功的，可获得 5～50000 元不等的奖励。

无障碍设施被固定物侵占或设施损坏无法使用等问题均纳入了有奖举报范围。市民发现相关问题并通过平台上报后，平台立即派发责任部门进行处置，并由协同工作平台跟踪督查，确保问题闭环整改。

（四）障碍问题，有人督导

在杭州城市无障碍环境监督工作中，活跃着一支由残障人士代表、残障人士工作者、人大代表、政协委员、媒体和社会志愿者等组成的无障碍环境社会督导员队伍。他们对城市道路、城市广场、公共建筑、互联网网站等服务场所的无障碍环境建设、改造、维护和使用情况进行监督，发现问题并督促其整改。大力宣传无障碍理念，主动收集市民对无障碍环境建设的意见和建议；向有关部门反馈无障碍设施被挤占、侵占、损坏的现象，对视障软件、听障服务等情况提出意见与建议；与新闻媒体联动，推出系列报道；形成宣传、监督、管理和维护无障碍环境的良好氛围，推动杭州城市无障碍环境的国际化发展。

为了使督导员队伍规范化，使督导工作常态化，2021年底，杭州市残联根据《杭州市无障碍环境建设和管理办法》有关规定，印发了《关于聘请张华等138位同志为杭州市无障碍环境社会督导员的通知》，并颁发了杭州市无障碍环境社会督导员聘书和督导员证。

（五）各行各业，有力跟进

根据杭州市无障碍办的要求，各行业主管部门相应制定了无障碍长效管理的文件。

最有代表性的是杭州市园文局。2021年10月，杭州市园文局制定和印发了《杭州市园林文物局无障碍环境长效管理办法》，专门成立分管局长任组长的无障碍长效管理领导小组，指导全市园林文物系统无障碍管理工作、年度考核，建立了无障碍长效管理考核机制和无障碍问题巡查与抄告制度。同时设立长效管理创新奖，鼓励各部门和下属单位顺应无障碍环境管理"新常态"的要求，有效解决无障碍长效管理的热点、难点问题。

2021 年 9 月，杭州市体育局制定和印发了《杭州市体育局无障碍环境建设长效管理实施意见》；2021 年 11 月，杭州市交通局制定和印发了《杭州市无障碍环境建设和管理办法交通运输行业长效管理机制及实施方案》；2021 年 12 月，杭州市卫健委制定和印发了《杭州市卫生健康系统无障碍环境建设实施意见（试行）》，明确在做好无障碍环境建设后，要加强维护，对无障碍设施进行常态化管理，建立无障碍设施台账，精准掌握无障碍设施基础资料和实际状况，落实日常维护和巡查工作，发现问题要及时整改，确保无障碍设施功能完善、使用安全，为特需人群营造良好的体验感。

第六章
无障碍共建的『杭州声音』

对残疾人的最大尊重，就是不把他当残疾人。

——王小波

2020年9月，杭州市无障碍办原创无障碍环境建设LOGO（标识），固化"城市有爱　生活无碍"城市无障碍环境建设的理念。至此，LOGO被广泛用于各类海报、助残活动等宣传活动，成为杭州推进无障碍建设的重要标识。

LOGO整体设计呈圆形，外围是红色到橙色渐变的圆环，两侧和下方是"城市有爱　生活无碍"的标语及英文翻译，LOGO顶端是"杭"字标志性设计，圆环中间是白色背景下橙色的双手托起红色的爱心，爱心中间是绿色的无障碍标志，意味着把残疾人放在心坎里，把残疾人事业捧在手心里，象征

歌曲《有爱无碍》

着全社会共同关心、关爱无障碍环境建设。

"城市无障碍,彰显大情怀,人间美景是天堂,畅通无阻最精彩! 爱无碍让我们走到一起来,真情在人人都精彩,让我们携起手共舞台,享幸福时代创美好未来……"

2021年,杭州市无障碍办、杭州市城管局、杭州市残联、拱墅区政府推出了本地原创无障碍公益歌曲《有爱无碍》。这首由刘宗蔚作词、陆建江作曲、李俊编曲的公益歌曲,唱出了杭州城的美丽风采,唱响了杭州人的温暖情怀。

有 爱 无 碍
（女声组合）

作词：刘宗蔚
作曲：陆建江

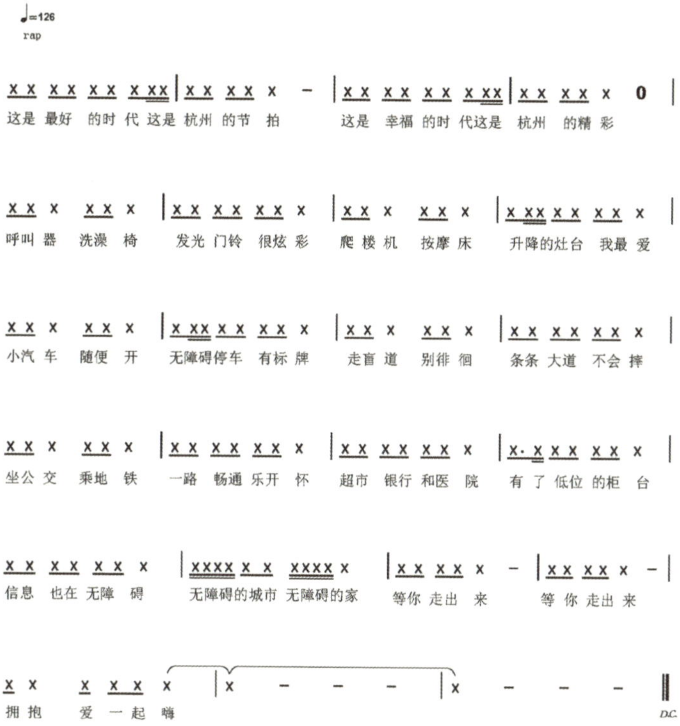

♩=126
rap

这是 最好 的时 代 这是 杭州的节 拍　　是是 幸福 的时 代这是 杭州 的精 彩

呼叫 器　洗澡 椅　发光 门铃 很炫 彩　爬楼 机　按摩 床　升降 的灶台 我最 爱

小汽 车　随便 开　无障碍停车 有标牌　走盲 道　别徘 徊　条条 大道 不会 摔

坐公 交　乘地 铁　一路 畅通 乐开 怀　超市 银行 和医 院　有了 低位 的柜 台

信息 也在 无障 碍　无障碍的城市 无障碍的家　等你 走出 来　等你 走出 来

拥抱　爱一 起嗨

D.C.

二、四年"时间轴"

杭州市无障碍环境建设从 2020 年初开始谋划，历经四年。
回顾四年之轴，每个年度都有不同的主题和任务。

（一）2020 年：前期筹备、动员部署、启动实施

万事开头难。2020 年是杭州市新一轮无障碍环境建设的启动之年，在

227

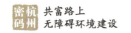
充实又忙碌的一年中，杭州市无障碍环境建设开启了行动。

2020年1至3月，杭州市政府召开关于杭州市残联组织普查的5.7万件无障碍问题处置专题协调会，杭州市城管局参会。

2020年4月16日，杭州市政府召开无障碍环境建设专题会议，市残联、市城管局、市建委、市交通运输局等31家部门及单位参加会议，明确由杭州市城管局牵头负责迎亚运、亚残运无障碍环境建设工作。

市城管局按照市政府专题协调会议精神，会同市残联起草专项行动方案（草案），梳理市直部门和各区、县（市）工作职责，并征求意见；起草成立专项领导小组及相应工作机构等报告材料，并向市委、市政府书面汇报；配合做好全市无障碍环境建设动员部署大会准备；赴市考评办沟通对接，将无障碍环境建设纳入市政府综合考评。

2020年6月4日，杭州市委、市人大、市政府、市政协召开全市无障碍环境建设动员部署会，下发《杭州市"迎亚（残）运"无障碍环境建设行动计划（2020—2022年）》，成立杭州市无障碍环境建设领导小组，办公室设在杭州市城管局。

杭州市无障碍办落实办公用房、设施设备等，组建工作专班。

2020年6月9日	① 杭州市无障碍办"开班"，召开第一次工作会议。
2020年7月	② 杭州市无障碍办组织召开杭州市无障碍环境建设第一次工作例会；③ 组织开展全市无障碍环境建设培训会；④ 与市发改委、市规划和自然资源局、市建委、市残联、市经信局、市地铁集团等部门分别召开专题会议对接无障碍环境建设工作推进情况。
2020年8月	⑤ 杭州市无障碍办参加市人大常委会听取无障碍环境建设专题汇报会；⑥ 陪同市政协主席调研无障碍环境建设工作开展情况；⑦ 组织对西湖、上城、

滨江、江干、桐庐等区、县（市）进行督导检查；
⑧筹备组建全市无障碍环境建设专家库；⑨与市财
政局、市规划和自然资源局、市机关事务局、市交
通局、市残联等单位进行座谈、对接。

2020 年 9 月　⑩杭州市无障碍办组织并陪同市人大常委会主任督
查无障碍环境建设推进情况；⑪建立月度工作通报
机制；⑫研究并建立无障碍环境建设专家库；⑬配
合市人大常委会开展相关督查检查，落实进度情
况"三色图"，做好向市人大常委会定期汇报等工
作；⑭会同市残联逐条逐句修改完善《杭州市无障
碍环境建设和管理办法》；⑮与市交通局专题对接
大交通系统无障碍环境建设；⑯会同市数据资源局
赴亚组委，专题对接"亚残运"数字服务平台信息
化项目建设工作；⑰会同市规划和自然资源局、市
交通运输局、浙江大学无障碍环境建设研究所等，
完善建设规划编制工作；⑱调研走访下城区、萧山
区、建德市、西湖区、钱塘区无障碍环境建设工作；
⑲参与浙江大学联合举办的"第 15 届中国信息无
障碍论坛暨全国无障碍环境建设成果展"；⑳与市
财政局、市地铁集团、市人民检察院等单位对接，
逐步化解无障碍环境建设推进难题。

2020 年 10 月　㉑杭州市无障碍办组织召开市直单位无障碍环境建
设工作推进会，市人大常委会社会工委、市检察院
第六检查部以及 25 家市直部门参会；㉒与市检察
院联合印发《关于强化检察公益诉讼职能服务保障

无障碍环境建设的十一条意见》；㉓制定下发《关于进一步规范市直单位无障碍环境问题排查整改情况报送的通知》；㉔对富阳区、江干区、临安区、上城区以及市建委进行走访调研；㉕与浙江省旅游职业技术学院专家研讨无障碍旅游线路制定方案；㉖研究市人大常委会跟踪督办130项问题的验收工作；㉗参加杭州市第三批浙江无障碍社区创建检查验收。

2020年11月 ● ━━ 杭州市人大制定印发《市人大常委会跟踪监督无障碍环境问题整改工作方案》。㉘杭州市无障碍办制定印发《市人大常委会跟踪监督无障碍环境问题整改验收标准要点》，指导区县对130项市人大常委会跟踪监督无障碍环境问题开展自查自改，并进行市级复核、通报；㉙录制无障碍环境建设视频课程；㉚走访杭州市文广旅游局交流无障碍旅游线路规划等工作；㉛研究准备2020年度全市无障碍环境建设验收工作。

2020年12月 ● ━━ ㉜杭州市政府新闻办召开杭州市无障碍环境建设新闻发布会，市建委、市规划和自然资源局、市残联、市机关事务管理局及上城区等七城区无障碍办相关负责人参加发布会；㉝杭州市无障碍办组织专家、各区、县（市）代表多次论证，印发《杭州市无障碍环境改造标准指导意见》；㉞校对、审验无障碍环境建设视频课程；㉟完成130处市人大常委会跟踪监督无障碍环境问题最终核验；㊱召开金融系统无障碍环境建设工作协调会；㊲制定无障碍环境建设年度考核方案；㊳回复省、市两级政协关于无障碍环境建设的相关意见建议。

（二）2021年：全面攻坚、深化对接、升级协调

2021年是全市无障碍环境建设的攻坚之年，各项工作按照既定目标，在省、市两级党委、政府的高度支持下，杭州市无障碍办牵头全面开展全市域、各行业无障碍环境建设“减存量、控增量、补短板”等工作，持续协调推动各部门、各城区开展专项行动任务落地。

2021年1至2月 ㊴杭州市无障碍办组织聋协、盲协等残疾人协会交流座谈；㊵召开2021年杭州市信息交流无障碍工作座谈会；㊶走访调研上城、萧山、余杭三地的无障碍环境建设工作；㊷印发2020年度无障碍环境建设工作评价结果；㊸完成推进杭州市办事服务大厅信息交流无障碍改造工作的意见联合发文。

2021年3至4月 ㊹杭州市无障碍办召开无障碍环境信息平台建设座谈会，与市民政局、市残联、市数据资源局对接相关工作；㊺组织开展“庆祝建党百年”杭州市“红色阵地”无障碍环境建设行动；㊻梳理杭州市2021年度无障碍环境建设重点工作任务并征求相关部门意见；㊼参加市人大常委会工作调研，汇报具体工作推进情况；㊽听取远程手语翻译服务等相关内容介绍；㊾对市文广旅游局、市民政局进行走访调研；㊿检查丁桥医院无障碍环境建设情况；(51)研究办理市人大、市政协无障碍环境建设相关提案反馈意见。

2021 年 5 至 10 月 ● ● ㊟ 杭州市无障碍办组织对市人大常委会督办的 130 个项目进行"回头看";㊱ 印发《杭州市 2021 年度无障碍环境建设重点工作任务》;㊴ 编制《杭州市公共场所信息无障碍建设指导意见（试行）》并征求意见;㊶ 印发《关于进一步规范无障碍环境问题排查整改情况报送的通知》;㊷ 梳理省级单位无障碍环境改造推进迟缓单位信息;㊸ 参加市交通局组织的对深圳、南京两地交通系统无障碍调研;㊹ 组织对全市 14 个区、县（市）和管委会新建项目开展无障碍建设大检查;㊺ 调研余杭区未来科技城医院院内导航系统。

2021 年 7 月 ● ● ㊿ 杭州市无障碍办组织召开全市市直部门半年度工作会议;㉑ 组织召开全市区、县（市）半年度工作会议;㉒ 走访、调研西湖风景名胜区管委会;㉓ 组织研究无障碍宣传片摄制工作;㉔ 与市残联对接商议信息无障碍平台数据采集事宜;㉕ 与市交通运输局对接商议"攻坚年"大交通无障碍环境建设，参加市交通运输系统无障碍环境建设半年度工作会议暨专题培训会议;㉖ 检查淳安县党群服务中心红色阵地无障碍建设，并开展座谈及培训;㉗ 召集市数据局、市应急管理局、市残联、市文广集团、市经信局等交流突发公共事件信息发布方式，探讨深化相关服务举措和信息无障碍保障机制;㉘ 组织召开火车东站无障碍导引指示专项设计审查协调会。

2021 年 8 月 ● ● ㉙ 杭州市无障碍办参加杭州市无障碍环境建设领导小组常务副组长组织召开的专题布置会，市城管局、市建委、市残联、市卫健委、市交通运输局、市教育局、市文广旅游局、市数据资源管理局分管负责人参会；⑦⑩走访调研市教育局、市交通局、市园文局；⑦①走访调研临安区、桐庐县、余杭区；⑦②再次与市公安局交警局、市残联、市城管局对接"智能过街音箱提示装置"设置事宜。

2021 年 9 月 ⑦③杭州市无障碍办参加浙江省残联组织召开的专题会议，协调解决部分在杭省级部门及省级医院、高校、文化场馆和酒店等无障碍环境建设存在的问题，省建设厅、省卫健委、省文旅厅、省教育厅、省数据局等部门有关负责人参会；⑦④走访、调研市卫健委、市经信局、市交通局等部门；⑦⑤对全市示范亮点打造情况进行检查；⑦⑥与铁路系统共同排查市域范围内高铁场站无障碍建设情况；⑦⑦与杭州市文广旅游局协调布置全市无障碍旅游线路打造任务；⑦⑧与杭州市交通局组织东站枢纽管委会、钱江新城投资集团、公交集团等单位召开杭州东站枢纽盲道设计施工推进会。

2021 年 10 月 ⑦⑨杭州市无障碍办陪同杭州市人大社会工委对市建委新建项目无障碍环境建设"控增量"成效进行调研；⑧⑩接受杭州市政协城市建设和人口资源环境委员会对无障碍环境建设工作调研；⑧①完成《有爱无碍》歌曲音乐短片（MV）重制，并在全市推广播放；⑧②对全市公共厕所无障碍环境建设情况进行检查；⑧③参加上城区、滨江区、萧山区等亚运场馆涉及"最后一公里"的无障碍项目评审；⑧④在临安区召开全市信息交流无障碍现场推进会，并布置落实"无障碍一张图"相关工作；㊄参加市交通运输局对重庆、武汉两地的无障碍调研活动；㊅参加市公交集团组织的"国际盲人节"盲人体验活动。

2021年11至12月 ㊇杭州市无障碍办陪同杭州市人大常委会对西湖风景名胜区无障碍旅游线路、杭州市红十字会医院等场所开展调研；㊈编制完成无障碍工作总结（共五册）初稿；㊉对无障碍环境宣传故事片进行讨论修改；㊐谋划无障碍环境建设成果展示片拍摄及开展年度考核工作。

（三）2022 年：再查再改、查漏补缺、验收提升

2022 年是全市无障碍环境建设的验收之年。随着杭州亚运会、亚残运会延期，专项行动顺延一年。本年重点开展标志性成果梳理及查漏补缺、再查再改、信息无障碍建设等工作。

2022 年 1 至 2 月 ㊑杭州市无障碍办召开全市 2022 年无障碍环境建设务虚会；㊒编写完成《杭州市无障碍环境建设实践》系列丛书；㊓摸排省级单位无障碍环境整改情况；㊔组织开展亚运保障重点场所无障碍环境问题再排查。

2022 年 3 月 ㊕杭州市无障碍办组织开展全市省级单位无障碍环境推进工作；㊖会同市城管局各部门召开无障碍环境建设务虚会；㊗进一步落实亚运保障重点场所无障碍环境问题排查工作；㊘分别与杭州西站、拱墅

区人民检察院、阿里巴巴等单位对接无障碍环境建设相关事宜；㊾草拟 2022 年度无障碍环境拥江考核及重点工作任务。

2022 年 4 月　⑩⑩ 杭州市无障碍办组织开展 3 月份全市亚（残）运会重点场所无障碍环境建设推进情况检查；⑩① 会同亚（残）组委对 18 个亚（残）运场馆进行无障碍体验验收；⑩② 举办"美丽杭州迎亚运"助盲行动暨助力无障碍环境建设大型公益活动。

2022 年 5 月　⑩③ 杭州市无障碍办组织开展 4 月份全市亚（残）运会重点场所无障碍环境建设推进情况检查；⑩④ 会同亚（残）组委对亚运场馆观众及贵宾流线进行无障碍体验验收；⑩⑤ 开展全市新建项目无障碍环境建设情况检查；⑩⑥ 调研全市省级公共场所无障碍环境建设情况；⑩⑦ 研究无障碍环境建设重大标志成果展示；⑩⑧ 与市残联探讨"无障碍一张图""手语姐姐"等相关信息无障碍内容的进一步优化和推进方向。

2022 年 6 月　⑩⑨ 杭州市无障碍办组织开展 5 月份全市亚（残）运会重点场所无障碍环境建设推进情况检查；⑪⑩ 组织相关区、县（市）对亚（残）运会场馆体验结果整改反馈内容进行再督导、再验收；⑪① 组织全市对无障碍环境建设成果数据进行统计梳理；⑪② 协同余杭区仓前街道综治服务中心调研无障碍环境建设情况，推动落实全市街道、社区公共服务中心无障碍环境建设情况再落实；⑪③ 专题研究既有《市政设施无障碍环境提升改善指导意见》修编工作；⑪④ 与市地方金融监管局对接商议金融系统无障碍环境建设工作；⑮会同省委警卫局、西湖景区管委会，现场检查指导西湖国宾馆、浙江西子宾馆的无障碍环境建设工作，并与景区管委会就景区无障碍旅游服务国家标准化试点推进、景区景点信息无障碍建设、景区无障碍长效管理保障等工作进行专题研究；⑯参加杭州市无障碍环境建设领导小组关于专班延期及标志性成果创建方案工作会议；⑰组织召开宾馆饭店无障碍改造推进会。

2022年7月　　⑱杭州市无障碍办组织上城区、拱墅区、西湖区、富阳区、余杭区等5个城区无障碍办专班日常负责人座谈；⑲组织召开"两个礼让"（礼让盲道、礼让第三卫生间）试点方案研讨会；⑳组织召开地铁站及站点与市政道路衔接区域无障碍环境问题专题会议；㉑现场查看展览东路、体育场路、武林路等主要城市道路无障碍环境情况，对接商议"礼让盲道、文明有我"等主题活动前期选点工作；㉒会同景区管委会无障碍办专题研究西湖景区无障碍旅游服务标准化试点项目，就打造国内首个无障碍旅游服务标准进行深入探讨；㉓组织召开区、县（市）无障碍环境建设半年度工作会议；㉔组织召开第三次"两个礼让"省域文明实践专题活动推进会。

2022年8月　　㉕杭州市无障碍办组织召开市直部门无障碍环境建设半年度工作会议；㉖开展"礼让盲道"和"礼让第三卫生间"试点活动；㉗参加杭州市机关事务局

组织召开市民中心信息化导航项目竣工验收；⑫ 会同杭州市建委、杭州市城管局、杭州市交通局、杭州市公安局交警支队、杭州市残联、杭州市公交集团等单位有关负责人及相关业内专家专题研究"无障碍一张图"数字治理工作；⑫ 邀请省残联、余杭区无障碍办赴杭州国家版本馆开展无障碍环境调研；⑬ 会同杭州市残联、杭州市公安局、杭州市卫健委、杭州市信访局、杭州市消防救援支队、杭州市公安局交警支队以及中国联通、中国移动、中国电信杭州分公司有关负责人，组织召开"文字信息服务报送与呼叫等功能建设专题工作会"，就 110 接处警、119 火警、12345 市长热线、120 医疗急救等紧急呼叫无障碍适配工作进行交流座谈；⑬ 会同市建委、市规划和自然资源局、市商务局、市公安局交警支队、市残联、市无障碍促进会等单位具体研究行进盲道及过街提示音响设置范围及条件；⑬ 组织召开"无障碍一张图"数据扩面采集和动态更新工作专题会议。

2022 年 9 月　⑬ 杭州市无障碍办会同杭州市交通运输局实地查看萧山机场新建 T4 航站楼无障碍环境建设情况；⑭ 会同亚组委后勤部、杭州市文广旅游局、杭州市残联等召开亚运官方接待宾馆酒店无障碍设施整改专题推进会；⑬ 会同杭州市交通运输局对接交通领域信息无障碍建设。

2022 年 10 月　⑬ 杭州市无障碍办会同上城区专题对接涉亚酒店

无障碍设施整改推进工作，参观上城区弯弯残疾人之家、中豪酒店无障碍建设，并与上城区专班座谈交流；⑬与阿里达摩院专题讨论推进数字人"小莫"研发和应用；⑬走访调研桐庐县、建德市、淳安县、余杭区、西湖景区管委会无障碍环境建设工作。

2022 年 11 月 ⑬杭州市无障碍办与高德地图企业方商谈无障碍导航相关工作；⑭研究谋划 2023 年亚运会升级服务保障相关举措；⑭会同上城区、拱墅区、西湖区、萧山区、余杭区等城区无障碍办商议"迎亚（残）运"无障碍环境建设标志性成果项目上报工作；⑭会同市残联、西湖景区管委会协调杭州动物园无障碍提升改造设计方案进度、存在困难等具体事宜。

2022 年 12 月 ⑭杭州市无障碍办会同富阳区、临安区无障碍办商议"迎亚（残）运"无障碍环境建设标志性成果项目上报工作；⑭推进高德地图无障碍设施点位信息标注工作；⑭会同地铁集团、部分城区专班推进地铁站出口与市政道路衔接处盲道系统性问题整改推进工作；⑭开展年度专项检查考核。

（四）2023 年：匠心提质绣杭城

2023 年是全市无障碍环境建设的"匠心提质"之年。本年重点主题是"迎亚运、亚残运，创建全国无障碍建设示范城市"。

2023 年 1 月 ●————● ⑭杭州市无障碍办召开 2023 年无障碍环境建设专班工作务虚会；⑭落实"匠心提质绣杭城"专项行动重点任务清单分解；⑭落实亚运市运保指挥部专题会议具体工作要求。

2023 年 2 月 ●————● ⑮杭州市无障碍办与阿里达摩院协调推进数字人"小莫"研发、场景应用；⑮会同市城管局、市残联、市园文局、市民政局、市住房保障和房产管理局、市交通运输局、市建委、市应急管理局、市数据资源局、市文广旅游局、市文广集团对接交流全国无障碍建设示范城市创建任务指标相关工作，并就相关部门提出的疑惑问题，向省建设厅作专题汇报；⑮会同杭州市残联商议"亚运一站通"涉及数字人"小莫"与"手语姐姐"互融上线等具体事宜；⑮参加省建设厅、省残联召集召开的"创建全国无障碍示范城市标准解读研讨会"，并受邀详细解读；⑮会同市交通运输局对接示范创建涉及公交车、公交线路、沿线场站等无障碍考核指标事项；⑮会同杭州市质安监总站、杭州西站枢纽管委会、杭州西站枢纽公司、省交通工程管理中心、湖杭铁路公司、铁路杭州站、沪昆公司、中铁四院、中铁建工、市残联、市无障碍环境促进会、杭州铁路运输检察院、市交通运输局、余杭区无障碍办等推进火车西站无障碍问题整改。

2023 年 3 月 ●━━━● ⑤⑥ 杭州市无障碍办召集各区、县（市）工作专班召
开全市无障碍环境建设年度工作会议；⑤⑦ 走访市规
划和自然资源局调研无障碍环境建设涉及单元控规
传导、过街提示音响布点规划、方案审查"建设条
件须知"等情况；⑤⑧ 陪同省建设厅、市残联等赴住
建部城建司汇报对接全国无障碍建设示范城市创建
评比具体工作；⑤⑨ 对接"数字城管"无障碍问题专
项普查。

2023 年 4 月 ●━━━● ⑥⓪ 杭州市无障碍办继续推进高德地图无障碍设施点
位信息标注工作；⑥① 走访市应急管理局调研无障碍
环境建设涉及避难场所考核指标等情况；⑥② 召开全
国无障碍建设优秀典型案例征集工作布置会；⑥③ 研
究与高德软件有限公司合作框架协议事宜；⑥④ 做好
全国无障碍建设示范城市创建有关任务征求意见收
集、汇总、对接等具体工作。

2023 年 5 月 ●━━━● ⑥⑤ 杭州市无障碍办完成全国无障碍建设示范城市创
建有关情况汇报涉及实施方案等 6 项材料的代拟，
分解、落实创建工作涉及的 19 项具体指标任务，
并就具体事项专题向市政府进行了书面汇报。

2023 年 6 月 ●━━━● ⑥⑥ 杭州市人民政府向省建设厅递交专项报告，申报
创建全国无障碍建设示范城市。

四年"时间轴",只不过是一个重要契机的展现。而要做到真正的"示范",四年还远远不够……

三、 大海里捞针

围绕全市域、全行业无障碍环境建设,杭州市无障碍办坚持问题导向,按照时间节点,挂牌作战,以"大海里捞针"的方式,推动各责任主体在各自领域开展多轮大排查、大整改。同时,对各责任主体整改情况开展抽查。

在四年实战中,累计推动完成"十二轮"问题整改:

1. 市残联委托"第三方"普查 5.7 万项问题整改;

2. 市人大常委会 130 处、960 余项跟踪督办问题整改;

3. 市检察院公益诉讼 108 处问题整改;

4. 各责任主体"地毯式"排查 2.3 万项问题整改;

5. 全市 258 处"红色阵地"无障碍问题整改;

6. "迎亚运"重点区域 8545 项无障碍问题整改;

7. 26 家在杭省级公共服务场所 884 项无障碍问题整改;

8. 246 座地铁站出入口与城市道路衔接处 880 项问题整改;

9. 杭州市 5 条无障碍旅游线路问题排查与整改;

10. 亚运延期后再排查重点区域 8939 项问题整改;

11. 数字城管对亚运"最后一公里"范围、重要商业街区等重点区域开展专项普查 4978 项问题整改;

12. 对全市域新建项目开展 3 轮集中现场抽查与督促整改。

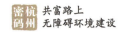
自觉重在坚持，执行胜过语言。各区、县（市）无障碍办每天在微信工作群里"晒"成绩、做交流、提问题、求答案。市无障碍办有心记录下了这一过程，并分享。

2021年1月6日（周三）

1. 上城区配合市无障碍办考核检查组对上城区行政服务中心、望江街道办事处、清波街道卫生服务中心、吟潮路、秋涛支路、富春路、之江路、九米路、钱江四桥公厕、河坊街公厕、西湖银泰、新侨饭店的无障碍设施改造进行检查。

2. 西湖区配合市无障碍办考核检查组对之江购物商厦、之江第一中学、墩余路、文华大酒店、九莲新村公厕等12个点位无障碍设施改造情况进行检查。

3. 临安区配合市无障碍办考核检查组对青山湖街道办事处、望湖公园、临安博物馆、江桥路、老衣锦公厕、苕溪南街综合改造二期工程、西林街等无障碍环境建设项目进行了现场检查。

4. 滨江区参加"全区电影安全工作培训会"，明确全区电影院无障碍观影席位、无障碍卫生间、无障碍低位服务台等无障碍设施的改造要求。

5. 拱墅区针对市无障碍办年终考核抽查发现的问题，召开专题协调会，明确整改时限、整改要求，制定全区18个已完工新建项目类似整改计划。

——摘自2021年无障碍环境建设"攻坚年"日志

这是2021年1月6日的工作日志，一个普通的日子，却是四年实践的日常缩影。就是这样平凡的日常，记录了杭州市推动无障碍环境建设的工作轨迹。

2021年区、县（市）无障碍环境建设日志（上）（不完全统计）　　2021年区、县（市）无障碍环境建设日志（下）（不完全统计）　　2022年区、县（市）无障碍环境建设日志（上）（不完全统计）

2022年区、县（市）无障碍环境建设日志（下）（不完全统计）　　2023年区、县（市）无障碍环境建设日志（不完全统计）

四、　"绣花"与文化

原杭州市人大常委会社会建设工委的某位领导，在指导无障碍环境建设过程中曾说，"要大力培育无障碍文化"。

何谓无障碍文化？她引用了作家梁晓声的话，"文化"可用四句话表达：根植于内心的修养，无需提醒的自觉，以约束为前提的自由，为别人着想的善良。她说梁晓声对"文化"的理解，尤其是"无需提醒的自觉"和"为别人着想的善良"，何尝不可以用作对无障碍文化的注解？2021年，她退休了，但她的朋友圈仍时常转发有关"无障碍"的话题分享。

无障碍环境建设是一项"细活"，需要细水长流，"慢工"久攻。在四年历程中，那些"工作法"就像在"绣花"。

萧山区的"三M工作法"。萧山区分管区领导坚持"三M工作法"："每

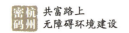
天过问"，在区无障碍办组建的工作群中，每天一早询问辖区无障碍环境建设总体推进情况，及时了解部门、街镇进展情况，并向区主要领导汇报；"每周约谈"，对每周无障碍环境建设工作进展排名末三位的责任单位，召集相关负责人进行约谈，提出下一步工作要求，督促各责任单位落实工作职责；"每月督查"，每月带队开展实地督查，尤其是对无障碍工作推进存在困难的场所以及需要区领导协调的事项，是其重点督查的方向。

上城区的"固定指导日"。针对问题清单改造过程中遇到的重难点问题，上城区无障碍办推行"固定指导日"工作法，每周日召集具体点位的行业主管部门、责任主体单位，集中时间、实地踏勘、现场办公，立足实际，制定既符合标准规范，又符合使用需求的实施方案，确保点位改造高质、高效完成。对于责任主体单位、行业主管部门反馈无法实施改造的点位，上城区无障碍办推行"一事一案一议"制，由设计单位根据点位现场实际情况，制定设计方案，召开论证会议，邀请无障碍专家集中论证，论证结果确因场地限制等因素导致无法实施的，由区无障碍办向市无障碍办申请甄别、销号。

像这样的工作法，由点到面复制推广，营造了全市无障碍环境建设比学赶超的良好氛围。很多区、县（市）的工作人员，经常放弃节假日，不论酷暑严寒，随身携带卷尺、坡度仪、规范"三件套"，奔赴现场、比对检查、"放样"指导。

五、 在感动中前行

"Nothing about us without us"可直译为：没有我们就没有任何关于我们的，其在联合国《残疾人权利公约》里意为：没有我们的参与，不要做有关我们的决定。在推进全市无障碍环境建设过程中，很多感动的人、很多感动的事，与市无障碍办一起前行。

（一）轮椅上的老张

老张的杭州，是轮椅上的杭州。

他的生活在早几年有些困难：去体检，医院抽血的窗口对他来说还是太高了；想去吃饭，预约的几家餐厅没有无障碍通道；去参加公务活动，他用舌尖吮吸几滴水，生怕多喝了上厕所不方便；要回家时，能直接上得去的公交车也不多……

老张说，他以前上班的长征无线电厂是杭州市民政局下属的福利工厂，为照顾2岁就患小儿麻痹症的他，工厂还把他的工作地点安排在一楼，但厕所前面的几级台阶，对于坐轮椅的他，不啻天堑。如果没有别人帮他抬上去，仅靠他自己，厕所是根本进不去的，就算进去了，里面的蹲坑，也是他用不了的。

所以，他只有严格控制自己不在外面喝水、不在外面"方便"，让自己的膀胱"强大"。为了赶回家"方便"，下班时，他硬是把手摇轮椅摇出了比自行车更快的速度。

"方便自由"不仅是给予了"方便"，更是给予了"尊严"；想喝水就能喝水，喝到的不仅仅是水，更是满满的幸福。

这两年，作为亚运场馆"无障碍体验官"，老张陪着大家跑遍了杭州所有的亚运会、亚残运会场馆，以及数不清的新建项目工地。

老张说："一个台阶，能把我们所有的自信击垮。自由地进出，才是精神的解放。"生活中，他更是不断地感受着杭州的变化，感受着这座城市的温暖与爱。越来越多的残障人士走出家门，越来越多的轮椅情侣自由相爱、结婚，越来越多的视障人士熟练地使用手机，越来越多的残障人士自信地创业……

（二）指尖上的小赵

因为一场实验意外，小赵在研究生毕业前夕失去了视力。作为一个"半路出家"的全盲视障人士，小赵格外向往自己的生活还能够"再回到从前"。

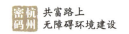
现在，他觉得这个希望正在一步步实现。

只见他拿出手机，熟练地点开盒马 App，手指点到哪里，手机自带的读屏软件就会告知手指所点的内容，不到几分钟的时间，他就给自己下单买了一袋大米、一斤虾、一包青菜，然后付款结账。"半个小时后，我就能在家里收到东西了，超级方便！"

全程，小赵使用的就是跟健全人一模一样的 App，并不是特别为视障人士开发的无障碍版。

"一样就对了。"这是小赵最自豪的地方。因为越来越多的 App 适配了读屏软件，手指点到哪，读屏软件就会自动发出语音，甚至当视障人士点到上面的一张图片，都能描述上面的内容。

"因为我们看不见，所以大多数的时候，我们能不出门就尽量不出门，能在手机上办理业务，就尽量在手机上办。例如，出门看病，我会在手机上先挂好号，这样，到了医院就可以直接取号看病了，节省了很多时间。"小赵这么说，也是这么做的。

在杭州推进信息交流无障碍建设的过程中，浙里办 App、杭州银行 App 以及政务网站无障碍适配改造，都少不了小赵的身影。"或许，只有更多元的文化活动被纳入信息无障碍范畴，视障人群才能无障碍地欣赏话剧、音乐会、名家讲座……"小赵这么想，我们要去做。

为了有尊严、有自由地活着，带着感动的故事，继续上路……

六、 NGO与研究智库

无障碍环境建设既是老问题，也是新课题。为更好地提升杭州无障碍环境建设水平，杭州市无障碍办组建有 59 名成员的专家库，邀请专家在全市域、各行业开展业务培训、现场指导、疑难会诊。同时，向各界"借力"，积极与在杭民间组织、高等院校研究机构等开展合作。

NGO，是非政府组织（non-governmental organization）的英文缩写。NGO处于政府与公众之间，政府凭借 NGO 团队成员的公益精神、专业精神，更容易取得公众信任，并可以为相关活动提供基础动力。智库（think tank），即智囊机构、智囊团，由专家组成，为决策者在处理问题时出谋划策，提供理论、对策，在某种意义上，智库也是民间组织。为此，发挥好 NGO 和智库的作用，构建并完善政府、市场、社会"三边"关系，有利于提升社会公共管理服务质量。

1. 杭州市无障碍环境促进会

该会成立于 2000 年 5 月，是全国首家无障碍环境促进会，也是杭州本地无障碍环境建设的一支重要 NGO 力量。一直以来，该会以服务社会、服务残障人士为己任，宣传无障碍理念，推动无障碍环境发展。20 余年来，该会用数以万计的精准测量和成百上千条的专业建议，搭建起这座城市里残疾人和政府间的桥梁，让"有爱无碍"不是口号，而是这座城市对特需群体的共识与承诺。现在，杭州各区、县（市）都成立了无障碍环境促进会，培养了残疾人无障碍环境体验专家 200 余人。在推进全市无障碍环境建设过程中，杭州市无障碍办邀请该会参与相关部门协调、现场体验、标准研讨等各项活动。2021 年起，该会组织 260 余名残疾人参与全市新、改、扩建项目的无障碍体验，包括杭州地铁、亚运场馆等重点项目，全程参加 19 个亚残运会竞赛场馆、1 个开闭幕式场馆、2 个亚残运村无障碍实地体验，共参与试用体验 1700 余次；参与《杭州市医疗无障碍导则》编写，填补了国内医疗系统无障碍导则的空白；积极参与困难残疾人家庭改造、省级无障碍社区创建、公共场所无障碍设施改造等民生实事项目，为全市无障碍环境建设作出了积极努力。

2. 浙江大学信息无障碍研究中心

浙江大学与中国残联合作成立"中国残疾人信息和无障碍技术研究中心"，

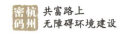
研发中国盲人数字图书馆、无障碍（视频＋文字）网络直播系统等一系列信息无障碍系统和平台，利用互联网为全国3600余万在库实名残疾人提供信息无障碍服务。同时，联合中国残联等多家单位成立信息无障碍技术标准工作联合组，制定多项国家标准、行业标准，在推动杭州市信息交流无障碍建设过程中，发挥了重要经验分享、技术指导等作用。

3. 浙江大学无障碍设计研究所

研究所自2019年成立以来，一直在无障碍领域耕耘。2020年以来，研究所推动无障碍相关标准的制定，协助制定《杭州市无障碍环境融合设计指南（试行）》，推动无障碍建筑从通用设计向融合设计转变；审核19个亚残运会场馆的设计图纸；在设计师中开展无障碍相关知识培训，在浙江大学开设无障碍通识课。

4. 浙江旅游职业学院无障碍旅游研究所

研究所入选了"全国无障碍环境建设智库成员单位"，并在推进杭州旅游服务标准化建设、打造无障碍旅游专线、编制"杭州西湖景区无障碍旅游服务标准化试点"项目等工作中，发挥了积极作用。

5. 浙江工商大学旅游与城乡规划学院"新视界"团队

团队成立于2019年10月，是规模化、专业化、本地化的助盲旅游团队，获得过新华网、学习强国等媒体平台的关注点赞，与市无障碍办积极分享案例。

七、 公益服务的力量

2022年4月17日，杭州市无障碍办、杭州市城管局、杭州市残联共同举办"美丽杭州迎亚运"助盲行动暨无障碍环境建设公益活动。

活动现场，浙江蚂蚁公益基金会、杭州华途数智科技有限公司、杭州老爸评测科技有限公司等社会企业，向杭州市残疾人福利基金会捐助资金112万元。这是《杭州市无障碍环境建设和管理办法》于2021年10月1日起正式施行以来，第一次开展的无障碍环境建设专项捐助公益活动。

活动启动后，得到了阿里员工的积极响应。

> 27岁的王首辉，是视障者中的少数派——他在杭州独居，不论是通勤上班、约朋友见面，还是旅行，都能独自出行。
>
> 他走过中国大大小小的盲道，其中一条让他印象深刻——笔直平坦，没有电线杆、树坑、碎石、乱停放的单车，路砖条纹清晰，脚感舒适。"要是每天上班的路都是这样，该有多好。"
>
> 小辉找到了他在支付宝的好朋友"高渐离"，提出了"让盲道更好走，让视障者能方便出行"的想法。
>
> "高渐离"和技术同事们一起开发了"助盲行动"小程序：如果大家在路上发现被占用或损毁的盲道，就可打开支付宝搜"助盲行动"，在地图上定位并上报盲道问题。这一条条盲道常被大多数人忽视，如果因为助盲行动能让大家开始关注问题盲道的存在，帮助我们一起提交，那么无障碍安全出行的那天总会来临的！这是由杭州市无障碍办、杭州市城管局、杭州市残联举办的"美丽杭州迎亚运"助盲行动，号召杭州市民关注身边的问题盲道。
>
> 操作不到1分钟，地图上就会多出1个小图钉，意味着它已被官方接收并准备推进修复。
>
> 助盲行动发起1个多月以来，已有300多条问题盲道信息被上报并推进修复。
>
> 这是最让"高渐离"和伙伴们高兴的地方，数字虽然不大，但这意味着杭州这座城市，有300多个黑暗的角落被悄然点亮。
>
> ——摘自"支付宝"公众号，标题：用手机"修"盲道，帮他们点亮脚下路

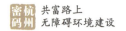
　　为发挥好公益捐款的作用，杭州市无障碍办与西湖景区管委会进行了对接，确定这笔公益捐款用来助力杭州动物园的无障碍环境改造。

　　杭州动物园建成于 1958 年，是一座集野生动物保护、科研、科普、教育和游览于一体的山林式动物园，承载了杭州几代市民的美好回忆。在杭州亚（残）运会之前对动物园进行无障碍提升改造，方便残疾人、老年人、儿童等无障碍需求人员安全、便捷地参观游览，很有意义，也很有必要。

　　2023 年 3 月 7 日，杭州动物园开展无障碍提升改造工程招投标工作，园内无障碍卫生间改造、园内坡道和路面改造及导览标识系统提升等正式进入建设轨道。

　　为此，杭州市无障碍办多次组织召开了杭州动物园无障碍提升改造专题会议，蚂蚁集团（捐资方）、市残疾人福利基金会（接受方）以及西湖景区管委会的动物园、城市管理局、风景园林局、文物遗产局等部门负责人参会研究商议，邀请无障碍专家现场指导，并形成纪要。具体如下：

关于全线无障碍流线：杭州动物园游览流线进行无障碍通行整体改造，流线设计应完整闭环，并在合适位置设置与环境融合的无障碍导览指示系统。

关于具体疑难点明确：金鱼馆结合整体风貌，采用融合、牢固、安全的可移动坡板解决无障碍通行问题；长颈鹿馆建议采用垂直升降平台的方式进行无障碍改造；猩猩馆位于山坡高点，实施无障碍改造难度大、影响面广，不纳入本次改造范围。

关于隧道长廊：动物园内隧道长廊采用浮雕彩绘、电光、声影等形式进行环境美化和提升，立意于海洋生物，通过触觉和听觉等特殊感受，给视障人士带来较好的游览体验。

关于设计和施工建设：动物园落实有资质的设计单位，对接蚂蚁集团前期调研成果。在做好风景园林和环境保护的前提下，完成动物园无障碍提升改造总体设计方案和审查；同时，倒排进度，按照时间节点推进各项工作。

关于资金保障：动物园无障碍提升改造资金由杭州市残疾人福利基金会无障碍环境建设公益基金（蚂蚁集团捐赠）承担，总量控制在 100 万元内，由杭州市残疾人福利基金会拨付至动物园。资金优先用于园内无障碍设施提升改造，在满足无障碍设施改造有余的前提下用于隧道长廊提升。为便于前期工作开展，先行拨付 10 万元启动资金给动物园。资金拨付流程和要求按有关规定执行，具体由杭州市残疾人福利基金会与动物园商议。

八、 媒体的声音

2022 年 3 月 26 日，中央电视台《朝闻天下》栏目报道《浙江杭州　提升无障碍设施改造　打造无"碍"之城》。

2022 年 4 月 1 日，中央电视台《朝闻天下》栏目报道《浙江杭州　一厘米的改善　让环境有爱"无碍"》。

2022 年 5 月 15 日，中央电视台《今日说法》栏目报道《一路有爱》，介绍杭州公益诉讼助力无障碍建设的案例。

2021年11月28日，《人民日报》报道《我们的生活越过越好》，文字提到："将满足残障人士信息化需求纳入杭州智慧城市建设内容……新修订的《杭州市无障碍环境建设和管理办法》今年10月起施行……杭州多措并举，不断提升残疾人获得感、幸福感、安全感。"

2023 年 5 月 21 日，央视新闻报道《全国第 33 个助残日，杭州轮椅导航上线 一键搜寻无障碍卫生间》。

2023 年 5 月 29 日，人民日报公众号推文:《地铁站口，这个"搭肩"动作全网点赞！》。

有爱，无碍

如今，越来越多的特需人士

将乘坐地铁作为日常出行的

重要交通工具

这个"搭肩式"服务的背后

是地铁一整套"闭环"的

无障碍服务流程

类似这样的国家级媒体对杭州市无障碍环境建设的宣传报道，都给从事这项工作的人们带来了力量和激情。

经统计，2022 年，杭州市无障碍环境建设相关工作获得《人民日报》、中央电视台等国家级媒体报道 11 次，获得省级媒体报道 29 次。新闻媒体推

浙江杭州　提升无障碍设施　打造无"碍"之城

浙江杭州　一厘米的改善　让环境有爱"无碍"

《今日说法》栏目报道《一路有爱》

人民日报报道：《"我们的生活越过越好"》

全国第 33 个助残日，杭州"轮椅导航"上线　一键搜寻无障碍卫生间

人民日报公众号推文：地铁站口，这个"搭肩"动作全网点赞！

动全社会关注、参与、支持无障碍环境建设，营造了良好的社会氛围。政府层面推动的无障碍环境建设相关新闻发布会也经常举行。

2020 年 12 月 22 日，一场特别的新闻发布会在杭州举行。

杭州市政府新闻办召开的新闻发布会，不仅向全社会介绍了 2020 年以来杭州市无障碍环境建设成效，现场还安排了手语者进行全场"翻译"，让发布会现场和镜头后的听力障碍者也能够及时、准确接收到会议信息。

这样的以"无障碍"为主题的新闻发布会，2020—2021 年杭州市无障碍办已组织召开 3 次。

新闻发布会的及时举行，能够让全社会及时了解无障碍环境建设的相关工作实施情况，能主动接受媒体和市民朋友的监督。

与此同时，市委宣传部还组织市属媒体聚焦无障碍环境建设，大力宣传杭州市无障碍环境建设的新举措、新思路。

《杭州日报》推出了《〈杭州市无障碍环境建设和管理办法〉10 月起施行：八大类公共场所竣工验收前可试用体验》等系列报道，其中《聋人看病，约个手语翻译一起去　市残联积极破解听障残疾人就医办事沟通难题》，把具体预约流程等详细介绍给残障朋友，进一步推广了线上实时远程视频服务平台的影响力，使就医无障碍深入人心。

《都市快报》刊发了《110、120、119、12345 要具备"文字求助"功能　"新版"〈杭州无障碍环境建设和管理办法〉10 月 1 日实施》。

杭州电视台综合频道在《民呼我为》系列报道中，多次特别关注无障碍建设的民情民意，报道了《无障碍设施破解乘梯障碍　加装电梯入户更入心》《回应最迫切的"无声呼声"　全市首批手语无障碍公共服务点授牌》等内容。

杭州电视台综合频道的《我们圆桌会》栏目播出了《如何建设无障碍环境　让城市"有爱无碍"》《打造无障碍环境　如何更有杭州温度》等专题节

目，并邀请了杭州市无障碍办、杭州市残联、杭州市建委等部门负责人，与人大常委会代表、政协委员、市民代表等面对面沟通交流。

"学习强国"等平台也积极支持无障碍环境建设。杭州市无障碍办录制了杭州市《无障碍环境建设》和《信息交流无障碍》两个专题教学片，并上传至"干部学习新干线""学习强国"等平台，推动了业务线上培训。

后　记

诺贝尔和平奖获得者玛扎·泰莱莎曾说："爱的反义词不是憎恨，而是忽视。"而残疾人、老年人等，无疑是最容易被有意、无意忽视的群体。

随着社会的进步，为这些有需求的群体提供一个无障碍的环境，已成为社会的共识：无障碍环境建设不是残障群体的弹性需求，不是小众群体的特惠，而是全体社会成员的普惠，每个人都是无障碍环境的需求者、参与者和受益者。

人的一生平均会遇到近 8 年的"残障期"。2011 年世界卫生组织和世界银行共同发布的全球首份《世界残疾报告》指出，以 70 岁作为人类平均寿命，人的一生中约有 11%，即 7.7 年时间处于"残障状态"，包括儿童期、老年期、受伤时期、提重物时期和文化冲突时期。社会对无障碍的需求是巨大的。推动无障碍环境建设"从有到好"，是增进民生福祉、守护幸福底线的内在要求，答好无障碍环境建设的"民生考卷"，是我们责无旁贷的使命和责任。

终有一天，残障群体可以无忧地走在阳光下，和健全人一起享受美好的生活；残障群体也能便捷地享受信息革命的红利。

让城市"无碍"，让城市"有爱"！如今，杭州正在努力创建"全国无障碍建设示范城市"，杭州的无障碍环境建设，还将继续探索，因为"无障碍"只有起点，没有终点，永远在路上！

附　录

序号	附件名称	配图
1	杭州市无障碍环境建设和管理办法	
2	杭州市"迎亚（残）运"无障碍环境建设行动计划（2020—2022）	
3	杭州市人大常委会开展无障碍环境建设专项监督实施方案	
4	杭州市无障碍环境改造标准指导意见	

序号	附件名称	配图
5	杭州市市政设施无障碍环境提升改善工作指南	
6	杭州市公共场所信息无障碍建设指导意见（试行）	
7	杭州市信息交流无障碍工作方案	
8	杭州市"礼让盲道""礼让第三卫生间"实施方案	

鸣 谢

　　无障碍环境建设，是一项系统工程。需要社会方方面面力量予以支持推动。中国残联副主席吕世明说：杭州市无障碍环境建设取得的成绩，得益于在"八八战略"指引下，有一大批无障碍环境建设的奋斗使者。而这些年来，吕世明副主席多次亲临杭州指导工作。与此同时，杭州市在共富路上推进无障碍环境建设，也得到了浙江省住建厅、省残联的大力指导和积极协调。

　　感谢为该项工作真诚真情地支持、呼吁、奔波的人们，有了你们的关心关爱、坚守付出和无私奉献，"城市有爱　生活无碍"才成为新时代共富路上美丽杭州、幸福杭州的又一写照。在近四年的奋斗路上，我们不会忘记你们的关心与助力：

王 辉	钱建中	张 聪	周 姝	毕克来	桂 阳	杨敬苟	黄 炎
易良成	管水平	魏 群	王亦霖	朱 晟	吕 磊	毛董莱	方 伟
严向军	管燕超	张 平	吴 瑛	殷彦波	秦 华	张 琳	徐亚琴
沈小红	李 晴	赵 洋	严 鸿	周友杰	陈 杰	何佳杰	刘炜玥
叶文文	朱晓婷	吴宏杰	张国范	庄 琦	叶 浩	童振宇	胡学军
葛晓刚	魏 虹	陈慧婷	施永林	赵 军	杨晓勇	鲍正敏	毛伟民
金 源	胡利平	吴金富	吴 强	华辰冰	曹佃杭	金志华	唐晔旎
龚 魏	裘琼洁	杨明聪	蔡百金	潘凌婕	李广宇	李 勇	叶 军
黄一成	汪 汛	余 静	唐宇力	冯 红	吴志荣	杜岳芳	袁球明
章城波	朱 杰	刘淑曼	陈 治	叶子青	赵弘中	葛永明	张幕生

毛晓慧　谢道溥　赵中华　陈玎玎　葛全胜　李巍巍　来波平　王俊峰
王建祥　诸宁瑜　胡　燕　王　黎　闻　莺　陈玮婕　何　青　董晓杰
苏瑞佳　范永晨　汪林杰　黄雪峰　何潇雨　俞小平　范　强　陈源泉
金　莉　严晓鹰　李沈飞　张　茜　毛　昆　薛鸿翔　许　铭　吴立群
王迎军　宋硕琦　朱晰磊　周晨晓　李永剑　谢　鹏　胡瞳星　樊　峥
方翠艳　曾平华　王仁喜　秦世水　杨　波　陈益明　胡　萍　张　波
赵　强　陈　婷　章　伟　龚晓春　姚　祥　高文杰　陈　伟　来碧成
张　毅　章　磊　谢德林　陈俊杰　郑　非　方　军　郑建钢　蔡国寅
叶冬平　金　君　李广华　周伟健　殷松清　杨　顺　沈小娟　沈益斌
王洪强　金华峰　郎　萍　金海钢　高清阳　金丽燕　张泽楠　徐巧丽
章华彬　张坤浩　杨军红　朱振华　程树茂　孙　琪　蔡天海　杨建芬
郭张璠　余金刚　丁　干　金焕梁　柴生标　邓敏敏　钟春霞　祝　鹏
王丽霞　方伟红　胡伟华　方卫琪　叶　璇　郑志华　黄　伟　詹轶凡
叶立新　应文辉　何斌杰　储胜强　徐　飞　方国兴　王利军　麻剑辉
夏　涛　何陈杭　吴一农　陆　激　周　欣　卜佳俊　王　炜　黄宝辉
张向东　林　森　平凌珺　于莹烁　郑　帆　彭翼捷　李珊珊　赵婷婷
赵秀芝　魏文锋　杜建祥　乔光辉　张　华　方　舟　屠　晨　赵　成
钱　俊　蔡琼卉　张倩岚　雷　鸣　柏艺雨……

　　需要特别指出的是，这是一份不完整的名单，由于本书编写时间仓促，还有很多市、区专班的同志，乡镇、街道（社区）的参与者、建设者，以及党代表、人大代表、政协委员、志愿者等同志，他们的名字未能一一呈现。

　　本书图片来源于杭州市残疾人联合会、杭州亚运会组委会场馆建设部和杭州市各区、县（市）无障碍环境建设领导小组办公室。

　　在此，我们向他们表示最衷心的感谢！